BAJO ESTA LLUVIA

Buscando a Dios en medio de la tormenta

Débora Rodrigo

Copyright © 2019 Débora Rodrigo

Todos los derechos reservados. Queda prohibida, salvo excepción prevista por la ley, la reproducción total o parcial de esta obra, por cualquier medio o procedimiento, sin para ello contar con la autorización previa, expresa y por escrito del editor.

ISBN: 978-1694-52069-2

El texto bíblico, a menos que se indique lo contrario, ha sido tomado de la versión Reina-Valera © 1960 Sociedades Bíblicas en América Latina; Copyright © renovado 1988 Sociedades Bíblicas Unidas. Utilizado con permiso. Reina-Valera 1960™ es una marca registrada de la American Bible Society, y puede ser usada solamente bajo licencia.
El texto bíblico identificado con NVI ha sido tomado de la Santa Biblia, Nueva Versión Internacional®, NVI®, Copyright © 1999 por Biblica, Inc.™ Usado con permiso. Todos los derechos reservados.
El texto bíblico identificado con RVR1995 ha sido tomado de la Santa Biblia, versión Reina-Valera 1995. Reina-Valera 95®, Copyright © 1995 por Sociedades Bíblicas Unidas. Usado con permiso.
El texto bíblico identificado con TLA ha sido tomado de la Traducción en Lenguaje Actual, Copyright © 2000 por Sociedades Bíblicas Unidas. Usado con permiso.

Diseño de cubierta: Ana Rodrigo

A Row,
al calor de cuyos abrazos se escribieron estas páginas.

Contenido

Agradecimientos	i
Antes de comenzar	1
Semana 1. Cuando todo se hace pedazos	3
Día 1. Una mujer hundida	5
Día 2. ¿Bienaventurados los que lloran?	10
Día 3. Hay algo más allá	15
Día 4. ¡Cuidado, estoy en obras!	20
Día 5. Vasijas en manos del alfarero	25
Bajo esta lluvia	29
Semana 2. Mantente firme	33
Día 1. La carrera de la fe	35
Día 2. Cuando el enemigo asecha	39
Día 3. Si permanecéis en mí	44
Día 4. En adoración	50
Día 5. Cuenta las estrellas	54
Bajo esta lluvia	59
Semana 3. ¡Señor, obra en mi interior!	63
Día 1. Cuando las circunstancias nos superan	65
Día 2. Fuerza en la debilidad	70
Día 3. El poder transformador de la oración	74
Día 4. Una lección de gozo de la mano de Pablo	78
Día 5. Paz que sobrepasa todo entendimiento	82
Bajo esta lluvia	87

Semana 4. Emociones que toman el control	91
Día 1. Ansiedad. El poder del pensamiento	93
Día 2. Paralizados o acelerados por el miedo	98
Día 3. La frustración, ¿ira o resignación?	102
Día 4. Sentimientos de soledad y rechazo	106
Día 5. Descanso para el alma	112
Bajo esta lluvia	117
Semana 5. El ejemplo del Maestro	121
Día 1. Su respuesta a la angustia	123
Día 2. Su respuesta a la traición	127
Día 3. Su respuesta al abandono y la soledad	132
Día 4. Su respuesta a la provocación y la ofensa	136
Día 5. Su respuesta ante el dolor extremo	140
Bajo esta lluvia	145
Preguntas para la reflexión	149

Agradecimientos

Son tantas las personas que, de un modo u otro, han contribuido a las páginas de este libro que dudo ser capaz de mencionarlas a todas. Aun así, realizaré un intento, en el que fallaré, lo asumo.

Gracias en primer lugar a Él, quien *cambia la tempestad en suave brisa* y ante quien *se sosiegan las olas del mar* (Salmos 107:29). Gracias porque los vientos y las olas siguen sometiéndose a Sus órdenes. No comprenderé nunca por qué Tu voz clama en mi favor.

Gracias a Marga García, María Calvo y Wenceslao Calvo por revisar mis torpes palabras y corregir mis errores. Gracias a Michelle Holland, Alli Bullard y Jill Nicholas por su ayuda con la versión en inglés. A Ana Rodrigo, gracias por el diseño de la portada y su ayuda en el diseño del interior del libro. Gracias por vuestra paciencia conmigo, vuestra disposición y vuestros ánimos para que esto saliera adelante.

Gracias a Greg y Rowena Marrs, por animarme a caminar con fe y calma sobre las aguas turbulentas, y a no dejar que fijara mis ojos en las olas. Gracias por ser esa barca donde refugiarme cuando mis pies se hundían en las aguas y animarme a alcanzar la mano del Maestro.

Gracias a mi iglesia local por ser una iglesia que se preocupa por los que sufren y enseñarme tanto sobre amar a otros. Gracias a cada uno de los integrantes de mi célula, por ser un lugar de apoyo y comprensión. Gracias de forma especial a Micheal y Jennifer Hamblin, a Alfonso y Miriam Castiglioni, a Kevin y Susan Kehl, a James y Susan Huff, a Jim y Elle Tarrant, a Rick y Dezra Eichhorn y a Colt y Kristen McCook. Gracias por tanto amor recibido.

Gracias a Sherry Pollard y Suzanne Eudaly, por sus sabias palabras.

Gracias a Tim y Beth Seay por estar cerca física y emocionalmente. Gracias Beth, por ser una amiga… y una hermana.

Gracias a Bill y Holly Richardson por su respeto y apoyo constante. Y a Bill y Ava Conley por cuidarme y velar por mí siempre. Gracias por permanecer cerca.

Gracias a Landon y Rebecca Klingaman por estar pendientes y dispuestos.

Gracias a Michelle Goff, por representar a la perfección lo que es una Hermana Rosa de Hierro. Gracias por afilar mi hierro con el tuyo. *Seguimos hablando y orando.*

Y gracias a David y Jocelynn Goff. ¡Qué gran ejemplo tengo en vosotros sobre cómo cuidar a otros!

Gracias a todas esas amigas que han estado ahí durante los últimos meses. De nuestras conversaciones salieron pedacitos de este libro. Gracias a Michelle Holland, Marga García, Erica Peck, Alli Bullard, María Calvo, Jill Nicholas, Naomi Valentine, Alicia López, Cindy Palomino, Liz Wilson, Judy Hoggart, Renee Johnson. Y gracias a todos aquellos que deberían aparecer en estas líneas, pero no están.

Gracias a mi familia, por ser ese lugar a donde siempre puedo regresar buscando calor de hogar. Gracias a mis padres y hermanos.

Y gracias a Sira, por enseñarme a reír cuando las lágrimas brotan de los ojos. Perdóname por no haber aprendido todavía a hacerlo tan bien como tú. Sigue enseñándome siempre.

Antes de comenzar

Este no es mi ejemplo. Esta es mi historia. O, al menos, un pedacito de ella. No he vencido a ningún gigante. Y seguramente nunca lo haga, si alguna vez llego a derribar alguno de ellos, habrá sido Dios y no yo. Pero sigo luchando contra varios de ellos. He aprendido muchas cosas en mis batallas. Pero son muchas más las que aún me quedan por aprender.

En mi experiencia he pasado alguna que otra prueba. He atravesado el valle de sombra de muerte. He caminado por el desierto. He padecido tribulación. Llámalo como quieras, todo es lo mismo. Yo acostumbro a referirme a ello como tormenta. Supongo que, porque soy una de esas personas a las que no les gustan las tormentas, ni siquiera un simple chaparrón. Sí, me gusta verlas desde mi ventana, escuchar el chapoteo de las gotas y oler ese fantástico olor a tierra mojada. Y disfruto al máximo los prados verdes tras unos cuantos días de lluvia. Pero preferiría no tener que salir de casa si está lloviendo. Tal vez porque la lluvia saca lo peor de mí.

Algunos profesionales en ocasiones emplean test proyectivos para revelar ciertos rasgos del comportamiento y la personalidad. Uno de ellos consiste en dibujar una persona bajo la lluvia. Al hacerlo, el individuo reflejará en su dibujo, de forma inconsciente, una serie de atributos personales. Las tormentas que atravesamos a lo largo de nuestra vida tienen un efecto similar. En ellas saldrán a la luz una serie de características, cualidades y comportamientos que podemos mantener más o menos ocultos en otras etapas de nuestra vida. Sin embargo, a diferencia del test de la persona bajo la lluvia, las tormentas que nos tocan vivir nos permiten trabajar activamente en nuestra persona y modificar esas cualidades y comportamientos que nos definen. Este estudio trata de sacar provecho de esa posibilidad.

Escribí estas pequeñas notas y lecciones en algunos de los días más oscuros de mi vida. Las escribí para mí misma, porque necesitaba aprenderlas, y aún sigo tratando de hacerlo. Lo hice en este formato porque, desde mi vocación de maestra, enseñar es mi forma de aprender. Un día, alguien me sugirió que debía compartirlas con otros. Y así nació este libro que, muy lejos de enseñar absolutamente nada, busca aprender, aprender a buscar a Dios en medio de la tormenta.

He organizado mis lecciones en cinco diferentes temas que se corresponden con cinco semanas. Cada semana la componen cinco lecciones, que bien podrían ser leídas en cinco diferentes días. Al final de cada semana encontrarás un pequeño texto que comparto con mi corazón abierto, completamente expuesto, en medio de mi dolor, con mis dudas y mis luchas, bajo mi propia lluvia. Si quieres profundizar más o quieres reunirte con un grupo de estudio semanal, en las últimas páginas de este libro se recogen una serie de preguntas que pretenden ser de ayuda para reflexionar y/o compartir con otros los aprendizajes de cada semana.

Sí, yo escribí y firmé este libro. Pero ya no es mío. Ahora es tuyo. Tú lo tienes en tus manos, y ahora te pertenece a ti. Úsalo de la forma en que a ti mejor te funcione. No sigas los días de la forma en la que yo los he ordenado si no quieres hacerlo. No utilices todos sus apartados si no los encuentras de tu interés. Pero abre tu corazón a Dios y hazlo con sinceridad. Dedica un pequeño tiempo para orar antes de cada lección. Utiliza una Biblia para acompañar la lectura. Lo que necesitas aprender no está en las páginas de este libro, está en las de la Biblia; mis palabras sólo tratan de ser una ayuda, una guía. Sólo son una invitación a que te unas a mis lágrimas, agarres mi mano, que probablemente tiemble tanto como la tuya lo hace, y aprendamos juntas. He estado orando por ti. No sé el momento de tu vida en el que este libro llega a tus manos. Pero si estás sufriendo, sea cual sea la razón, creo que puedo, al menos un poco, entender cómo te sientes.

Déjame caminar a tu lado. Y acompáñame en mi aprendizaje.

Semana 1.
Cuando todo se hace pedazos

Día 1. Una mujer hundida

Dicen que en la vida todo llega, todo pasa y todo cambia. Pero hay momentos en los que todo se detiene alrededor. Momentos en los que las situaciones no avanzan, las circunstancias no cambian, el final no parece llegar. Hay momentos que duelen. Hay momentos que ahogan. Hay momentos que queman por dentro.

Es posible que sepas de lo que hablo. Puede que tu vida se haya quedado paralizada en alguna ocasión. Puede que incluso, esté paralizada en este preciso momento. Sé muy bien cómo te sientes. He estado orando por ti durante algún tiempo. Déjame acompañarte unas semanas. Gracias por permitirme hacerlo.

Vamos a comenzar abriendo nuestras Biblias en el libro de Rut. El primer capítulo nos presenta una historia difícil, llena de dolor. Estoy convencida de que su protagonista se sentía en uno de esos momentos donde todo queda paralizado a su alrededor. Lee Rut 1:1-5 antes de continuar con el siguiente párrafo.

Todo comienza con una época de escasez. Una familia que, por razones de necesidad, se ve obligada a emigrar al extranjero. El destino: Moab, a más de 100 kilómetros de su ciudad de origen. Establecerse en una nación nueva no es tarea fácil, mucho menos en aquel entonces. Pero Noemí y su familia se quedaron a vivir allí. Allí donde las costumbres diferían, donde no había muchos más judíos, donde todo era diferente. Seguramente fue un tiempo de dificultad, ajustes, cambios y tensiones. Si nos fijamos en el significado de los nombres de sus hijos (Mahlón significa enfermizo y Quelión, cansado), entenderemos que no eran hijos que gozaran de una buena salud, por lo que la adaptación pudo haber sido aún más complicada. Pero lo peor estaba aún por llegar. Finalmente, el marido de Noemí muere y ella queda sola con sus dos hijos. Una mujer viuda en aquel entonces no tenía muchas prospectivas de futuro, pero al menos, Noemí tenía a sus dos hijos. Sus hijos se casan con mujeres de la nueva tierra. Después de diez años de matrimonio, ninguno de los dos tiene descendencia. Desconocemos las razones, pero no es difícil imaginar que esto no era tampoco motivo de alegría. Tras esos diez años, los hijos mueren también.

¿Qué palabra utiliza el versículo 5 para describir cómo queda Noemí?

Noemí se siente desolada, sola, abatida. Después de varios años de continuas desgracias, ya no le queda nada. Mucho menos esperanza.

Por supuesto su historia continúa. A continuación, Noemí decide abandonar esa tierra que tan mal le ha tratado. Está dispuesta a regresar a Belén, su ciudad de origen. Seguramente en parte lo hace buscando seguridad, pero también a sabiendas de que el tiempo de escasez del que una vez escapó junto a su familia había terminado (v. 6). Las nueras de Noemí están dispuestas a ir con ella, pero Noemí trata de convencerlas de que no es una buena idea. Finalmente, una de ellas decide quedarse en Moab y rehacer su vida. Sin embargo, Rut insiste en acompañarla hasta el punto de que es imposible hacerle cambiar de opinión (v. 18). Rut y Noemí inician un largo y peligroso viaje por caminos inseguros, sabiendo que muy probablemente no habrá muchas oportunidades para ellas a la llegada a su destino. Finalmente llegan a Belén. Lee Rut 1:19-22 antes de continuar.

¿Puedes encontrar en las notas de tu Biblia los significados de "Noemí" y "Mara"? Escríbelos a continuación.

Noemí significa [   ] ; *Mara* significa [   ]

¿Por qué crees que Noemí quiere cambiar su nombre?

[   ]

Los nombres propios eran algo importante para la cultura judía. Noemí significa "placentera" o "dulce"; Mara significa "amarga". Como veíamos con los nombres de los hijos de Noemí, normalmente, cuando un padre ponía un nombre a su hijo, escogía un nombre cuyo significado describiera su personalidad, características, o algún aspecto relacionado con su persona. Muy seguramente Noemí había mostrado una dulzura especial desde muy pequeña. Pero en estos momentos, Noemí experimentaba una amargura profunda. Ya no era más la Noemí dulce que fue alguna vez. La gente que la vio llegar aquel día, después de diez años sin verla, se asombró al ver a Noemí tan desmejorada y en tan lamentable estado, casi irreconocible (v. 19).

Piensa en ti misma por un momento. ¿Cómo las situaciones por las que has pasado o estás pasando han apagado o están sustituyendo algún aspecto positivo de tu persona?

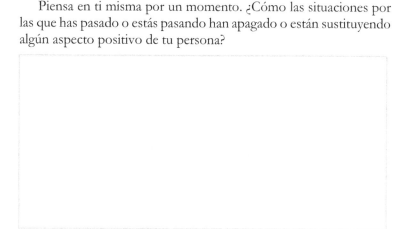

Una de las siete iglesias del Apocalipsis, a las que Juan fue encomendado a trasladar un mensaje, también tiene en cierto sentido un nombre que algunos expertos han relacionado con la amargura. Lee en Apocalipsis 2:8-11 el mensaje a la iglesia de Esmirna.

Esmirna era una bonita ciudad a las orillas del mar Egeo. Pero los cristianos allí sufrían una terrible persecución. La vida era muy difícil para aquellos que se negaban a rendir culto al César.

> Yo conozco tus obras, y tu tribulación, y tu pobreza (pero tú eres rico), y la blasfemia de los que se dicen ser judíos, y no lo son, sino sinagoga de Satanás. (Apocalipsis 2:9)

Rodea en un círculo las dos primeras palabras de Apocalipsis 2:9: *"yo conozco"*. Repítelas en voz alta. Este es el mensaje d*el Primero y el Postrero* (v. 8). Dios no es impasible a lo que está sucediendo a tu alrededor. Él lo sabe. Él te observa. Él te entiende. Él conoce. Conoce lo más profundo de tu corazón. Ahora subraya los tres sustantivos que aparecen a continuación en el versículo 9; lo que Él conocía de Esmirna.

En primer lugar, Él conoce tus *obras*. Conoce lo que haces. No sólo tus acciones, conoce también lo que las impulsa. Él sabe lo que te mueve porque conoce tu corazón (Proverbios 15:11). Nada hay oculto ante sus ojos.

En segundo lugar, Él conoce tu *tribulación*. Él sabe de tu sufrimiento y por lo que estás pasando. Aun lo que nadie más puede percibir. Él ve tus lágrimas y tu dolor. Él lo sabe porque en lo más profundo de tu dolor, en las noches más largas, Él está ahí a tu lado, observando. Y además de eso, sabe perfectamente cómo esto te hace sentir. Te entiende porque Él ha sufrido ese mismo dolor. No solamente porque puede ver lo que hay dentro de ti, sino porque también Él ha estado en tu misma situación. Él sabe lo que es estar herido.

Y, por último, Él conoce tu *pobreza*. Sabe no sólo cómo esta situación te afecta y te hiere. Él sabe cuáles son las circunstancias reales, los recursos con los que cuentas. Sabe tus dificultades. Sabe qué es lo que hay alrededor. Como hemos leído, Él es *el Primero y el Postrero* (v. 8). Él tiene conocimiento absoluto y todo el control. Sabe lo que hubo antes y lo que habrá después, desde el principio y hasta el final. Observa las palabras dentro del paréntesis en el versículo 9.

> Los ojos de Dios tienen una visión mucho más completa que la que nosotros tenemos.

La iglesia en Esmirna no podía prosperar económicamente debido a la situación en la que se encontraba. Pero Dios, aún conocedor de esta situación, ve la riqueza espiritual de la iglesia. Cuando estamos en medio de la aflicción, sólo somos conscientes de las dificultades y las calamidades que nos rodean. Pero los ojos de Dios tienen una visión mucho más completa que la que nosotros tenemos.

Volvamos a la historia de Noemí. Noemí está inmersa en la amargura debido a la dificultad de una situación que le consume. Toda esperanza se ha apagado para ella. Sin marido, sin hijos, sin nada en sus manos, y sin la posibilidad de conseguir un medio de sustento en su vida. Pero Dios conoce sus obras, su tribulación y su pobreza.

Noemí ya no se ve a sí misma como Noemí, ahora cree más conveniente hacerse llamar Mara. Pero para Dios, que mira en lo profundo de su corazón, nada ha cambiado. Noemí sigue siendo Noemí, esa mujer dulce, fiel a su familia y que regresa a su tierra reconociendo a Dios como el Todopoderoso (vv. 20 y 21). Dios conoce sus obras y ve lo profundo de su corazón.

Dios conoce también su tribulación. Conoce su pesadumbre y su miedo ante la soledad que experimenta. Sabe que una mujer viuda de la edad de Noemí tiene pocas oportunidades en Judá. Precisamente por eso no va a dejarla sola. Los versículos 16 y 17 muestran una Rut determinada a luchar al lado de Noemí. Rut puede rehacer su vida y encontrar nuevas oportunidades para sí misma en su propia tierra. Pero Dios la coloca junto a Noemí porque Dios conoce su tribulación.

Y Dios conoce también su pobreza. Es plenamente consciente de su situación y su dificultad para seguir adelante. Pero *el Primero y el Postrero* está en control y ve la riqueza en Noemí. No es casualidad que en los campos de Moab se hablase de que "Jehová había visitado a su pueblo para darles pan" (v. 6). Y tampoco es casualidad que Noemí y Rut llegaran a Belén justo "al comienzo de la siega de la cebada" (v. 22).

Permíteme regresar nuevamente al texto de Apocalipsis 2. En medio del mensaje que Dios tiene para la iglesia en Esmirna encontramos dos mandatos que Dios da a su iglesia. Ambos en el versículo 10. Búscalos y escríbelos a continuación:

1.
2.

El primero de ellos es *no temas*. A pesar de las circunstancias actuales, y aunque aún tenga que venir algo peor como venía para la iglesia en Esmirna; no temas. No dejes que el miedo se apodere de ti.

En segundo lugar, *sé fiel*. Mantente firme y permanece en pie. No dejes que Satanás te haga tambalear y caer. Sigue en pie.

Probablemente ahora te estarás preguntando cómo es posible no tener miedo cuando el presente es aterrador y el futuro es tan incierto. Y cómo puedes tú hacer para mantenerte en pie aun cuando el suelo se hace pedazos debajo de ti.

Te entiendo mucho mejor de lo que hubiera querido. Tenemos mucho que aprender en medio de esta situación. Acompáñame en las próximas semanas y aprendamos juntas cómo hacer de esto una realidad en nuestras vidas.

> A pesar de las circunstancias actuales, y aunque aún tenga que venir algo peor: no temas y sé fiel.

Día 2. ¿Bienaventurados los que lloran?

Voy a comenzar la sesión de hoy pidiéndote que imagines la vida de una persona bendecida, la persona más bendecida en esta tierra. ¿Cómo es?, ¿qué le caracteriza? ¿A quién llamamos "bendecido"? Describe a continuación esa persona o la vida de esa persona que te viene a la cabeza cuando te hablo de "alguien bendecido".

Posiblemente esta te haya resultado una actividad bastante fácil. Solemos tener muy claro cómo es una vida bendecida. ¿Y si ahora te pregunto por tu vida? ¿Es una vida bendecida? No sé cuál será ahora la situación en la que te encuentras. Es posible que tu vida se parezca bastante poco a la vida de la persona que acabas de describir, ¿significa eso que no eres una persona bendecida?

Estamos muy acostumbrados a pensar que las bendiciones son aquellos éxitos que cosechamos en la vida, bien sean grandes o pequeños: prosperidad económica, salud, una casa de ensueño, el mejor coche del mercado, un trabajo satisfactorio y bien remunerado, hijos sanos y que no se metan en problemas, ausencia de problemas de cualquier tipo... Y tal vez es cierto que muchas de ellas son bendiciones, pero ¿qué es exactamente la bendición según la Biblia?

Abre tu Biblia en 2ª a los Corintios 12:7-10. Considera esos versículos y trata de determinar qué supone para Pablo *el aguijón en la carne*.

¿Es la debilidad de Pablo una maldición en su vida, o es una bendición?

Posiblemente, después de leer la descripción que acabas de escribir sobre esa "persona bendecida" podríamos lamentarnos de la triste condición de Pablo. Pero parece que Pablo encuentra que su debilidad lo hace fuerte. ¿Por qué lo hace fuerte?

¿En qué sentido podríamos considerar nuestras debilidades como bendiciones o motivos de dicha?

Acompáñame a Mateo 5:3-12. Jesús inicia así uno de sus más conocidos discursos ante un gran número de personas que le escuchaba en la ladera de una montaña. Lee el texto reflexionando en cada palabra.

Escribe a continuación la lista de aquellos a los que este texto llama bienaventurados. En lugar de copiar las palabras que utiliza tu versión de la Biblia, intenta reescribirlas utilizando las tuyas propias.

1. _____ (v. 3)
2. _____ (v. 4)
3. _____ (v. 5)
4. _____ (v. 6)
5. _____ (v. 7)
6. _____ (v. 8)
7. _____ (v. 9)
8. _____ (v. 10)
9. _____ (v. 11)

No sé qué te parece a ti, pero a mí me cuesta encajar esto en mi definición de "persona bendecida". Una persona bienaventurada es una persona dichosa, feliz. ¿Dichosos los que lloran? ¿Dichosos los que viven bajo injusticia? ¿Dichosos los que son perseguidos? ¿Dichosos los que son insultados? Parece que hay algo aquí que no hemos conseguido entender bien.

"Porque mis pensamientos no son vuestros pensamientos, ni vuestros caminos mis caminos, dijo Jehová" (Isaías 55:8). Pero nosotros nos hemos empeñado en entender la vida desde nuestra propia perspectiva y en cuestionar todo lo que se escapa de ella. ¿Y si la forma en que Dios entiende la bendición no es exactamente la forma en la que a nosotros nos gusta entenderla?, ¿y si resulta que el sufrimiento en el que estás inmerso es en realidad una bendición para tu vida? Sí, ya sé lo que estás pensando, y te agradezco que a pesar de ello hayas decidido seguir leyendo.

> ¿Y si la forma en que Dios entiende la bendición no es la forma en la que a nosotros nos gusta entenderla?

Vamos a regresar al texto que leíamos en 2ª a los Corintios 12, y esta vez nos detendremos en el versículo 9.

> Y me ha dicho: Bástate mi gracia; porque mi poder se perfecciona en la debilidad. Por tanto, de buena gana me gloriaré más bien en mis debilidades, para que repose sobre mí el poder de Cristo. (2ª Corintios 12:9)

Pablo había pedido insistentemente por esa debilidad que desconocemos pero que le resultaba molesta. Su petición era que Dios la hiciera desaparecer de él. Tal vez Pablo hubiera considerado una bendición librarse de tal condición. Pero los pensamientos de Dios no parecen ser los mismos. La idea de Dios era diferente: esa debilidad produciría un bien mayor. El poder de Dios se manifestaría a través de esa debilidad convirtiéndose en una fortaleza.

De modo que Pablo pidió para que una debilidad le fuera quitada y Dios propuso que, en lugar de ello, la debilidad manifestara el poder de Dios perfeccionado. Y Pablo no puede hacer otra cosa que gloriarse de esa enorme bendición que Dios ha traído a su vida.

¿Y yo? Si tuviera la posibilidad de elegir entre que esa gran afrenta desapareciera de mi vida y vivir una "situación ideal", o que continuara sufriéndola y sirviera para que el poder de Dios se perfeccionase, ¿qué elegiría? ¿Qué es para mí realmente una bendición?... Soy consciente del peligro de esta afirmación. No quiero dar a entender que Dios desea prolongar nuestro sufrimiento. Solo entiendo que, en muchas ocasiones, nuestro sufrimiento se mantendrá, al menos, durante un tiempo. Sigue pidiendo a Dios por que esta etapa de dolor finalice para ti si es esa Su voluntad, pero mantente preparada para lo que Dios puede hacer con ella mientras dura.

Normalmente, cuando estamos en medio de una situación que nos angustia, tenemos en nuestra mente una solución ideal que terminaría con nuestro sufrimiento y esperamos que Dios responda de ese modo. Algunas veces ocurrirá así, pero otras no. Consideremos ahora un versículo en Romanos 8:28. Léelo y marca, a continuación, la respuesta que creas es la correcta:

¿Todo lo que nos ocurre es bueno?
    ☐ Sí   ☐ No

¿Todo lo que nos ocurre contribuye para nuestro bien?
    ☐ Sí   ☐ No

Lo que podemos tener seguro es que el final va a ser un buen final si es cierto que, tal y como dice este versículo:
1. Amamos a Dios
2. Hemos sido llamados conforme a su plan.

Independientemente de lo que estés pasando en estos momentos, Dios quiere que la tuya sea una vida bendecida. Tal vez conteste a tus oraciones de la forma que esperas. Tal vez no ocurra así. En ambos casos puedes estar segura de que Dios estará bendiciendo tu vida si te mantienes fiel a Él.

Una vida bendecida es aquello que nos acerca a Dios. Nunca algo que no lo hace. Veremos durante las próximas semanas juntas cómo Dios utiliza nuestros momentos de debilidad para trabajar en nosotros, para pulirnos y fortalecer nuestra fe. ¡Eso es una bendición! A lo largo de los años en mi vida he aprendido algunas cosas. He pasado por situaciones que me han causado mucho dolor, momentos realmente difíciles. Creo que esos momentos han contribuido a mi vida de una forma especial. Gracias a ellos he experimentado una cercanía con Dios que tal vez no conocería si no hubiera tenido que atravesarlos.

> Una vida bendecida es aquello que nos acerca a Dios. Nunca algo que no lo hace.

Sabemos de sobra que la lógica que opera en nuestras mentes no es precisamente divina. Por eso nos cuesta tanto entender que debemos amar a nuestros enemigos, hacer bien a los que nos odian, ponerle la otra mejilla al que nos hiera en una y no pedir que nos devuelva al que ha tomado lo que no es suyo (Lucas 6:27-30). Tal vez ha llegado el momento de cambiar nuestra forma de pensar. Tal vez necesitamos dejar de lamentar nuestra situación y estar atentos a esa forma en que el poder de Dios puede ser perfeccionado a través de nuestra debilidad. Tal vez ha llegado el momento en que comiences a ver la dicha de tu enorme bendición. Por supuesto no estoy diciendo que no tengas derecho a sentirte triste, desilusionada o enfadada con sea lo que sea estás sufriendo. Hablaremos más delante de todas estas emociones. En épocas de sufrimiento, sentir dolor es algo completamente normal, y es lógico experimentar estas emociones. Solo estoy tratando de animarte a un cambio de actitud. A estar abierta a ver las cosas desde una perspectiva diferente.

Para terminar con este tiempo hoy, voy a pedirte que ores centrándote en un pasaje de las Escrituras. Léelo detenidamente, tal vez necesites leerlo más de una vez. Después comienza a orar utilizando las palabras que en él hay escritas. Hazlas tuyas y pide a Dios que te ayude en su conocimiento.

Pido que el Dios de nuestro Señor Jesucristo, el Padre glorioso, les dé el Espíritu de sabiduría y de revelación, para que lo conozcan mejor. Pido también que les sean iluminados los ojos del corazón para que sepan a qué esperanza él los ha llamado, cuál es la riqueza de su gloriosa herencia entre los santos, y cuán incomparable es la grandeza de su poder a favor de los que creemos. Ese poder es la fuerza grandiosa y eficaz que Dios ejerció en Cristo cuando lo resucitó de entre los muertos y lo sentó a su derecha en las regiones celestiales, muy por encima de todo gobierno y autoridad, poder y dominio, y de cualquier otro nombre que se invoque, no solo en este mundo, sino también en el venidero. (Efesios 1:17-21, NVI)

Día 3. Hay algo más allá

Los estudiantes lo saben muy bien: si estudiamos concienzudamente durante varios días y nos preparamos para un examen revisando la materia trabajada en clase, será mucho más fácil contestar a las preguntas. Sin embargo, cuando el profesor pone sin avisar un examen sorpresa, sin haber revisado la materia la tarde anterior, la situación es completamente diferente. Ayer veíamos cómo Dios utiliza nuestras circunstancias para trabajar en nosotros y para nuestro bien. He escuchado mil veces decir que Dios utiliza los momentos de dificultad en nuestra vida para probar nuestra fe. La fe es aquello que nos permite ver más allá de lo que hay delante de nosotros. No se trata de tener una visión clara de lo que hay en el futuro, sino una convicción que abre nuestra perspectiva y nos hace estar preparados para ver algo más. El problema es que las dificultades y tormentas de la vida suelen llegar de improviso, sin que estemos preparados para ello. Y normalmente nos centramos en lo que acaba de llegar, olvidándonos de ese *más allá*. Así que, si se ha presentado una situación complicada en tu vida, estate preparada para hacer uso de tu fe. Prepárate para contestar cuando Dios te pregunte acerca de ella. ¿Cuál será tu respuesta? Tenemos varias opciones, podemos contestar con lo que está delante de nuestros ojos o podemos abrir nuestra mente y tener presente que hay algo más allá, que se escapa de nuestra vista. Déjame poner unos ejemplos.

> La fe es aquello que nos permite ver más allá. No tener una visión clara del futuro, sino una convicción que abre nuestra perspectiva.

Moisés estaba confundido. Había huido de Egipto, donde su pueblo era maltratado por aquellos que lo acogieron como familia. Ahora Dios le pedía regresar como libertador. Él lo tenía muy claro, no estaba preparado para esa tarea. En medio de una situación en la que Moisés prefería no encontrarse, Dios le hizo una pregunta que tenía mucho que ver con su fe: "¿Qué es eso que tienes en tu mano?" Abre tu Biblia en Éxodo 4:2 y escribe la respuesta de Moisés:

>

Sólo una vara. Y es cierto que tenía una vara, la usaba para acarrear las ovejas. Dios le pidió entonces que la tirara al suelo, y la vara se convirtió en serpiente. En realidad, lo que Moisés tenía en su mano en ese momento era mucho más que una vara. Era el instrumento a través del cual Dios mostraría Su poder. Sin embargo, en ese momento, Moisés sólo era capaz de ver una vara común y corriente. Como cualquier otra vara. Esa era toda la información que le proporcionaban sus ojos, no tenía ninguna otra visión. Pero Dios veía más allá.

Jacob estaba atemorizado ante el inminente encuentro con su hermano Esaú después de varios años sin verle. Tras enviar a su familia y todo lo que poseía delante de él preparándose para lo que estaba por venir, tuvo un encuentro con el ángel de Jehová. Después de luchar contra el ángel durante algunas horas, el ángel le preguntó a Jacob por su identidad. ¿Qué contestó Jacob? Lee la respuesta en Génesis 32:27 y escríbela a continuación:

Justo en ese momento Jacob recibe un nuevo nombre: Israel, *el que lucha con Dios*. Jacob se convertiría en el padre de una nación que llevaría ese mismo nombre. Esta nación era el pueblo de Dios, el pueblo con quien Dios lucharía. Pero en esos momentos Jacob no podía ver más allá de un hombre atemorizado por el encuentro de un hermano al que había usurpado años antes, un simple Jacob. No era esa la misma visión que Dios tenía de él.

Elías llegó exhausto al monte Horeb. Llevaba cuarenta días caminando sin probar bocado y estaba preocupado por las amenazas de muerte en su contra realizadas por la reina Jezabel, esposa de Acab. Es en ese momento que Dios le encuentra escondido dentro de una cueva y le pregunta en dos ocasiones: "¿Qué haces aquí, Elías?". Resume en dos o tres palabras la respuesta de Elías en 1º de Reyes 19:20.

La respuesta de Elías mostró dos veces seguidas la preocupación de Elías por su propia vida, después de ser testigo de la maldad de los israelitas y de cómo el pueblo había asesinado al resto de profetas de Dios (1ª Reyes 19:10, 14). Pero lo que Elías no era capaz de ver en ese momento era que en realidad había ido al monte de Dios para recibir instrucciones para establecer nuevos reinados, ungir a Eliseo como profeta, y acabar con todos aquellos que habían convertido a Israel en una nación idólatra.

Ezequiel enfrentaba una situación realmente complicada frente a un pueblo devastado por las consecuencias de su pecado. Tras el reinado de Salomón, los reinos de Israel y Judá se encontraban divididos y dispersos entre diferentes naciones. La situación era caótica. En estas circunstancias, Dios se presentó ante Ezequiel y, como en los casos anteriores, le hizo una pregunta. Sin embargo, la respuesta de Ezequiel en este caso fue bastante diferente. Léela en Ezequiel 37:1-3.

¿Cuál fue la pregunta que le hizo Dios?

¿Qué respondió Ezequiel?

En su visión, Ezequiel vio un valle cubierto de huesos humanos. No se trataba de cadáveres, sino de huesos completamente secos. En el versículo 2, Ezequiel narra cómo al verlos de cerca observó dos características. Escríbelas a continuación:

Todo el valle estaba cubierto de huesos, y eran huesos completamente secos. Los huesos no sólo estaban muertos, también estaban abandonados, desordenados, amontonados unos sobre otros. Un poco más adelante Dios explica a Ezequiel el significado del valle de huesos. Lee los versículos 11 a 14.

¿Qué representan los huesos?

Después de leer el versículo 11, describe con una palabra cómo se sentía el pueblo de Israel:

En el momento en que Ezequiel recibió esta visión por parte de Dios, el pueblo judío se encontraba en una grave situación de cautividad. Gran parte del pueblo había muerto, los demás estaban esparcidos por diferentes lugares viviendo como cautivos. Esta situación, unida a la mala condición espiritual del pueblo, provocó un fuerte sentimiento de desesperanza con el que resultaba difícil convivir. Dios sabía que el valle de huesos secos representa a la perfección cómo su pueblo se sentía. Ezequiel no era ninguna excepción.

Escribe a continuación todas las posibles respuestas que se te ocurran para la pregunta "¿vivirán estos huesos?" (Ezequiel 37:3). ¿Cómo crees que diferentes personas podrían haber contestado teniendo en cuenta lo que veían sus ojos?

¿Cuál crees que habría sido la respuesta de Ezequiel si hubiera considerado sólo lo que tenía ante sus ojos?

Muy probablemente el sentir de Ezequiel era "No, imposible, están completamente secos, no hay forma de que vuelvan a vivir". Por la evidencia lógica que nos da nuestra experiencia, y por la situación de desesperanza en la que estaba sumergido Ezequiel, seguramente una respuesta del tipo "Sí, sé que volverán a vivir" sería poco sincera. Pero a pesar de ello, la fe de Ezequiel le permitió aferrarse a la esperanza que Dios le brindaba. Ezequiel contestó; "Señor Jehová, tú lo sabes" (Ezequiel 37:3) y dejó abierta la puerta para que Dios hiciera el milagro.

Es algo natural en el ser humano, cuando las cosas a nuestro alrededor no parecen seguir el plan que habíamos establecido o que parecía lógico, nuestra percepción se vuelve negativa, perdemos la esperanza y somos incapaces de ver más allá. Por eso, nuestras respuestas a las preguntas sobre nuestra fe pueden muy fácilmente describir meramente lo que ven nuestros ojos. Pero podemos cambiar nuestra percepción si hacemos un esfuerzo de nuestra parte y pedimos a Dios que fortalezca nuestra fe.

Ahora completa la lectura en los versículos 7 a 10.

Dios le pidió a Ezequiel que profetizara para que los huesos volvieran a la vida. Ezequiel profetizó. Entonces los huesos se unieron formando esqueletos. Después se convirtieron en cuerpos completos con tendones, carne y piel. Finalmente cobraron vida al recibir el espíritu. Para ello, Ezequiel había tenido no sólo que hacer uso de su fe y dejar paso a la esperanza, sino también obedecer al mandato de Dios y poner en práctica esa fe profetizando como Dios le había ordenado. Sólo entonces, cuando Ezequiel hubo mostrado su fe y actuado de acuerdo a ella, Dios obró en los huesos.

Piensa en esto. ¿Por qué razón crees que Dios espera a ver alguna respuesta de nuestra parte para hacer la suya? ¿Crees que esto es siempre así?

En el versículo 10, ¿en qué se han convertido los huesos secos? ¡En un ejército grande en extremo! No solamente en cuerpos vivos, sino cuerpos vivos y vigorosos, fuertes y preparados para la batalla. No sé cómo te sientes tú cuando acabas de recuperarte de una enfermedad que te ha hecho quedarte en cama durante algunos días, pero yo suelo estar débil y sin fuerzas. Estos cuerpos acababan de regresar de la muerte, pero estaban completamente llenos de fuerza y energía. No hay absolutamente nada imposible para Dios. Incluso en la situación más devastadora, donde no existe nada de esperanza y lo único que quedan son huesos secos. Dios es poderoso para transformarla en algo que nosotros ni siquiera podemos imaginar. Sólo tenemos que estar dispuestos a creerlo.

Es posible que tu alrededor esté completamente cubierto de huesos secos. Es probable que sean *muchos y secos en gran manera*. La pregunta ahora es, cuando Dios te pregunte por ellos, ¿qué contestarás? ¿Expresará tu respuesta únicamente lo que ven tus ojos? ¿O harás uso de tu fe para abrir puerta a la esperanza?

Es probable que nunca ocurra lo que ahora mismo te gustaría que sucediera. Pero Dios es poderoso para cambiar tu situación en algo que en estos momentos ni siquiera puedes imaginar. ¿Estás dispuesta a agarrarte a ese atisbo de esperanza? ¿Vas a actuar de acuerdo a ello? No te enfoques únicamente en lo que ven tus ojos y recuerda que hay algo más allá que no podemos ver. Si lo haces, puedes estar segura de que verás a Dios convirtiendo esos huesos secos en cuerpos vigorosos. Él obrará en tu vida de formas que ahora se escapan de tu entendimiento.

> Es probable que nunca ocurra lo que ahora mismo te gustaría que sucediera. Pero Dios es poderoso para cambiar tu situación en algo que ni siquiera puedes imaginar.

Día 4. ¡Cuidado, estoy en obras!

Una de las historias que más me duelen en la Biblia es la de José vendido por sus hermanos (Génesis 37:12-36). José era un joven de valores y trabajador, pero era el preferido por su padre, y por esto sus hermanos le tenían envidia. Así que, un día, decidieron venderlo como esclavo y decirle a su padre que había muerto en el campo. ¡Sus propios hermanos! No puedo imaginar cuán roto estaría el corazón de José de camino a Egipto mientras viajaba como esclavo con los mercaderes madianitas. También me cuesta imaginar cuán solo se sentía en esos momentos. Con apenas diecisiete años y prácticamente ninguna posibilidad de regresar con los suyos.

A menudo, cuando leemos la historia de José, olvidamos pronto todos estos sentimientos al ver cómo Dios prospera su vida y lo utiliza en favor de los que le rodean. Vamos a avanzar un poco en la historia y a leer lo que ocurrió después. Abre tu Biblia en Génesis 39:1-6 y lee el texto antes de continuar.

¿Cómo era la relación de José y Potifar?

>

¿Qué crees que motivó esta relación?

>

José podría haber asumido su vida de esclavo y abandonarse a su situación. Podría haber aceptado que estaba solo en el mundo, trabajar cada día como le correspondía a su nueva condición y hundirse en la miseria de su nuevo estatus social. Pero trabajó, se esforzó y estableció relaciones con su amo, no sólo se mostró como un trabajador esforzado y digno de confianza, sino que cultivó una relación con el oficial de faraón, pese a que su condición social fuera muy inferior. Dios hizo que hallara gracia ante los ojos de Potifar, pero para ello, José debió de haber estado dispuesto a comportarse como un hombre esforzado y digno de confianza.

Sin embargo, cuando parecía que José se estaba adaptando a su nueva vida, no tardaron en llegar nuevas complicaciones. A pesar de que José se había mantenido fiel a Potifar y se había mostrado como un buen esclavo, Potifar no se mantuvo a su lado cuando José necesitó que alguien creyera en él. Continúa la lectura en Génesis 39:7-20.

¿Qué hizo Potifar al escuchar las acusaciones contra José?

No sabemos si José tuvo alguna oportunidad de defenderse, pero si la tuvo, seguramente Potifar no quiso escucharlo. Por segunda vez en su vida, José experimenta el rechazo y el abandono de quienes tenía más cerca. Nuevamente se encuentra solo, con una realidad desoladora, totalmente injusta, y sin nadie con quien compartirla. Y nuevamente, por segunda vez en su vida, José, con la ayuda de Dios, vuelve a ganarse la confianza de quienes tiene alrededor. Lee a continuación Génesis 39:21-23.

¿Qué responsabilidad recibió José?

¿Cómo obtuvo esa responsabilidad?

¿A qué atribuye el texto bíblico que José "hallara gracia en los ojos del jefe de la cárcel" (v. 21)?

Quiero que te fijes bien en el inicio del versículo 21: "Pero Jehová estaba con José" (Génesis 39:21). José no estaba solo. A pesar de que su familia lo había vendido, a pesar de que aquellos a quienes había mostrado que era fiel lo habían desechado, José no estaba solo. Dios estaba con él.

¿Por qué crees que Dios estaba con José?

Busca y lee los siguientes versículos y trata de responder a la pregunta a continuación:
Salmos 145:18   Proverbios 28:25   Josué 1:8 y 9
¿Qué dicen estos versículos sobre con quién está Dios y a quién prospera?

¿Recuerdas en alguno de los versículos que hemos leído sobre José que él mostrara esto de alguna forma? (Lee de nuevo Génesis 39:9 si te cuesta responder a esta pregunta).

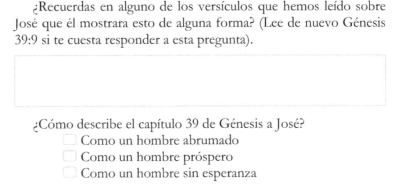

¿Cómo describe el capítulo 39 de Génesis a José?
- ☐ Como un hombre abrumado
- ☐ Como un hombre próspero
- ☐ Como un hombre sin esperanza

No perdamos de vista las circunstancias que atravesaba José en los momentos que nos narra este capítulo. José había sido vendido por sus hermanos como esclavo. Después fue acusado injustamente y enviado preso. Pasó varios años en la cárcel por una acusación completamente falsa. Sin embargo, la Biblia en ningún momento nos habla de un José acabado, triste y desesperanzado, nos habla de un hombre a quien Dios prospera, que tiene el favor de Dios y a quien Dios muestra su misericordia.

Vamos a regresar un poco atrás en la historia. Volvamos a antes de que todo esto ocurriera, cuando José todavía vivía en Canaán con su familia. Lee Génesis 37:5-11.

Dios habló a José a través de unos sueños. José compartió esa información con su padre y sus hermanos, pero a ellos no les agradó en absoluto. Dios estaba revelando a José lo que un día ocurriría. En ese momento parecía algo absurdo y sin sentido, nadie podía creer que algún día ocurriese. Pero más de veinte años después, sus hermanos se inclinan ante el gobernador de Egipto en busca de alimento para sobrevivir a una larga hambruna. Ese gobernador resulta ser José, quien inmediatamente recuerda aquello que soñó en los años de su juventud (Génesis 42:6-9).

Veinte años pueden ser muchos años. Especialmente cuando se pasan como esclavo y prisionero. Sin embargo, fue la forma en la que Dios convirtió a José en una figura importante para el desarrollo de una nación. Gracias a José multitudes de personas sobrevivieron a una terrible hambruna que asoló un amplio territorio durante siete años. Dios utilizó a José como instrumento suyo. Piensa en esto mientras lees Génesis 50:18-20.

Nadie lo habría imaginado al ver al joven José de diecisiete años apacentando las ovejas con su túnica de colores. Los que estaban a su alrededor no estaban preparados para ello, pero él tampoco lo estaba. Dios trabajó en su vida durante más de veinte años para llevarlo a aquello que había preparado para él. El tiempo de preparación no fue en absoluto un tiempo tranquilo y agradable. Pero José nunca hubiera alcanzado lo que alcanzó si no hubiera estado dispuesto a serle fiel y a continuar confiando en Dios.

Fíjate en el siguiente versículo que Pablo escribió a la iglesia en Filipos:

> Estoy convencido de esto: el que comenzó tan buena obra en ustedes la irá perfeccionando hasta el día de Cristo Jesús. (Filipenses 1:6, NVI)

Pablo habla de una obra que se está realizando en los creyentes. ¿Quién realiza esa obra?

¿Cuándo la terminará?

Dios está trabajando en nuestras vidas de forma constante, y una de las formas en las que más trabaja es a través de las situaciones en las que vivimos. Dios nos habla a través de la lectura de la Biblia y las palabras de otros. Sin embargo, es en las circunstancias de nuestra vida donde tenemos que poner en práctica eso que hemos leído y oído. Sí, podemos aprender mucho cuando leemos nuestras Biblias, pero Dios nos enseña aún mucho más a través de nuestra propia vida y de las circunstancias que atravesamos, cuando tenemos que poner en práctica aquello que hemos leído.

> Dios está trabajando en nuestras vidas de forma constante, y una de las formas en las que más trabaja es a través de las situaciones en las que vivimos.

Considera la situación en la que te encuentras como una herramienta que Dios utiliza para acercarte más a ese objetivo que Él tiene para ti. Yo sé cuán difícil es pensar en esto cuando nuestro mundo alrededor se hace pedazos, estamos cansados de luchar y no nos quedan ganas para nada. Es posible que no lo hayas visto tan claro como José en sus sueños, pero puedes estar segura de que, si te mantienes firme en Dios, Él te acompañará de la misma forma que lo hizo con José, y dirigirá tu vida de la forma en la que lo hizo con él, a pesar de que en estos momentos te parezca que no tiene sentido ninguno. Dudo mucho que José se imaginara que llegaría a ser el gobernador de Egipto durante esos largos años que pasó tan injustamente en la cárcel. Sin embargo, ese paso por la cárcel fue lo que le hizo llegar a ocupar ese puesto.

Fíjate bien en tu situación. No pretendas salir de ella sin antes haber aprendido aquello que Dios quiere enseñarte. Piensa bien antes de continuar, ¿qué tengo que aprender en medio de todo esto? ¿Hay algo que he leído en la Biblia que necesito practicar en estas circunstancias?

Recuerda que las situaciones por las que atravesamos son momentos de aprendizaje en esta fase de "en obras" que es la vida en la tierra.

No quiero trasladar una idea incorrecta del futuro. José llegó a ser gobernador de Egipto, pero eso no significa que sus sufrimientos se acabasen y todo fuera de color de rosa. Muy probablemente nuestra vida en la tierra estará siempre teñida por situaciones desagradables y dolorosas que tendremos que enfrentar. En eso consiste la vida en este mundo. Sabemos que un día acabará todo esto y podremos gozar de una vida completamente diferente, porque "ya no habrá muerte, ni habrá más llanto, ni clamor, ni dolor" (Apocalipsis 21:4). Pero también es cierto que las dificultades son pasajeras, y Dios las utiliza para nuestro bien, para ir moldeándonos y transformándonos en aquello que tiene para nosotros. Dejemos que trabaje en nosotros y nos use para su gloria.

Día 5. Vasijas en manos del alfarero

Cuando era pequeña me entusiasmaba jugar con barro. Hay algo especial en sentir cómo el barro toma forma al contacto con nuestras manos. Me fascinaba crear pequeños recipientes que después coloreaba para poner en ellos lapiceros o pequeños tesoros. Hoy vamos a hablar de vasijas de barro. Acompáñame a leer en el libro de Jeremías en el capítulo 18. Lee desde el versículo 1 al 6.

Me encanta esta comparación. Nosotros somos esas vasijas en manos del alfarero. Sus manos directamente tocan nuestras vidas, las moldean. Dios trabaja en nosotros continuamente: alisa nuestra superficie, quita las imperfecciones, nos da forma y nos adapta a las situaciones que vivimos. Siempre y cuando permanezcamos en sus manos.

Pero no perdamos de vista que todas las vasijas tienen una función. Fueron formadas para un fin especial. Algunas servirán para contener alimentos, otras para guardar objetos, otras para decorar… Nosotros también tenemos nuestra función. Nuestra misión como vasijas es portar a Jesús y mostrárselo a otros. Vamos a profundizar un poco en esta idea. Abre tu Biblia y lee en 2ª a los Corintios 4:5 y 6.

> Nuestra misión es portar a Jesús y mostrárselo a otros.

Quiero que notemos especialmente varias cosas. En primer lugar: ¿A quién dice que predicamos?

[ ]

¿A quién no predicamos?

[ ]

Predicamos a Jesucristo, no a nosotros mismos. No se trata de: "Mira qué bonita vasija soy", o de: "Fíjate en cuantas grietas tengo, estoy sufriendo tanto", se trata más bien de: "Mira a quién tengo dentro". No se trata de nosotros, se trata únicamente de Él. Él es el principal objetivo de nuestras vidas.

En segundo lugar, enfoquémonos en el versículo 6. Léelo de nuevo. Dios mismo resplandeció en nuestros corazones para iluminar el conocimiento de la gloria de Dios. Primero dentro de nosotros. En nuestro corazón, en el interior de nuestra vasija. Después fuera de nosotros, a los que hay a nuestro alrededor.

Leamos un versículo más. El versículo 7. ¿Con qué se nos compara nuevamente?

Ahí están de nuevo los vasos de barro, las vasijas moldeadas por el alfarero que leíamos en Jeremías. Eso es lo que somos, no es gran cosa, una simple vasija hecha de barro. Sin embargo, tenemos un gran tesoro dentro, el mayor de los tesoros: a Cristo mismo. Pero aún hay más. Sigue leyendo los versículos 8 y 9.

No sé qué te parecen estos versículos; *atribulados en todo, en apuros, perseguidos, derribados…* Yo leo esto y ¡me siento tan identificada! Y soy tan frágil. No olvidemos que estamos hechos de barro. ¿Qué le ocurre a una vasija si se cae al suelo? Muy probablemente se haga pedazos. Hay tantas cosas alrededor nuestro que golpean nuestras vasijas: trabajo, salud, economía, adicciones, hijos, matrimonio, padres, familia, amigos, compañeros, iglesia… Es difícil. Y apenas somos unas frágiles vasijas de barro. Muchas de nosotras con grietas, descascarilladas e, incluso, completamente hechas pedazos.

Vamos a volver ahora a Jeremías, el profeta que Dios llevó junto al alfarero de quien leímos hace unos minutos. Pero vamos a leer en un capítulo diferente esta vez.

> Entonces me invocaréis, y vendréis y oraréis a mí, y yo os oiré; y me buscaréis y me hallaréis, porque me buscaréis de todo vuestro corazón. (Jeremías 29:12 y 13)

Subraya en el texto las palabras *os oiré* y *me hallaréis*. Piensa en ellas. ¿No te llenan de paz?

Pero abre tu Biblia en ese mismo pasaje y lee con cuidado lo que dice el versículo justo anterior a esos. Lee Jeremías 29:11.

Copia el versículo a continuación:

Dios piensa en ti. Y sus pensamientos no son pequeñas cosas sin importancia, ¡no! Dios tiene grandes pensamientos sobre tu futuro. Y ahora está trabajando en ellos. Aunque a ti no te lo parezca. Él te está moldeando, te está dando forma para ellos.

No me gusta utilizar versículos fuera del contexto en el que fueron escritos. Quiero que entiendas bien el contexto de este mensaje. Jeremías era profeta de Dios, lo que significa que era el encargado de transmitir el mensaje de Dios a su pueblo Israel. En estos momentos, Israel estaba completamente asolado, devastado. Era un pueblo cautivo, su gente estaba prisionera en otra nación. Además, todo había sido por su propia culpa, su pecado de idolatría los había llevado a ello. Dios les había avisado de antemano que esto ocurriría si mantenían su conducta, pero ellos no habían hecho ningún caso. Su situación ahora era lamentable.

Vuelve a leer estos versículos de nuevo. Pero ahora amplía un poco la lectura. Lee Jeremías 29:11-14. Escribe en el siguiente cuadro todas las acciones que están escritas en futuro, es decir, aquellas que iban a ocurrir según las palabras de Dios en este texto. Escribe lo que haría Israel y lo que haría Jehová, cada acción en el lugar que le corresponde:

ISRAEL	JEHOVÁ

Ahora mismo, en estos momentos, Dios está trabajando en tu vida, Él está moldeando tu barro. Los pensamientos que Dios tiene de ti son mucho más grandes de lo que puedes imaginar. No tienes idea. Son mucho más grandes que tus propios deseos para tu vida, que tus sueños. Si pudieras ver sólo un poquito de esos pensamientos te sorprenderías.

Ayer leíamos sobre José. ¿Recuerdas el sueño que Dios compartió con él cuando era joven? ¿Recuerdas cómo se hizo realidad? Dios tenía un sueño para su vida. De la misma manera tiene pensamientos para la tuya. No se trata de que tu futuro esté totalmente predeterminado y definido. Pero Dios piensa en él, y cuando lo hace no te ve derrotada y abatida. Si pudieras ver una imagen de esos pensamientos apenas podrías creerlo. A la gente a tu alrededor tal vez también le costaría creerlo. Pero Dios piensa en ello en estos momentos.

Sin embargo, no puedes llegar a ello por ti misma. Necesitas mantenerte en las manos del alfarero. Necesitas dejar que Él dé forma a tu vida y trabaje en tus

Sea cual sea tu situación, si le dejas, Dios sigue trabajando en ti.

imperfecciones. Sea cual sea tu situación, sea que te sientas inacabada, si eres una vasija que apenas empieza a tomar forma; o estás deformada, llena de grietas, hecha trozos, resquebrajada; Dios sigue trabajando en ti. Déjale trabajar. Déjale que utilice tus circunstancias. Tú, mientras tanto, como veíamos el otro día, no temas y mantente fiel (Apocalipsis 2:10).

¿Qué papel tiene nuestra fe y nuestra confianza en todo esto? ¿Por qué es importante que confiemos en Él para que cumpla sus pensamientos en nosotros?

Puede ser que tu situación te sobrepase, que en ocasiones sea más fuerte que tú. No temas y sé fiel. Puede que en estos momentos ser fiel a Dios es aún más difícil y parezca más doloroso para ti que dejarlo todo y rendirte. No temas y sé fiel. Recuerda que a los que aman a Dios, todas las cosas a su alrededor contribuyen para su bien (Romanos 8:28). *Todas* las cosas. Esta situación también. Si te rindes, si abandonas, puede ser que venzas esto y tengas éxito, es cierto. Y tal vez llegues a conseguir alcanzar tus sueños. Pero te estarás perdiendo ver cumplidos los pensamientos de Dios para tu vida, que son mucho más grandes, incomparables.

Amiga, busca a Dios con todo tu corazón, atesóralo dentro de ti. Deja que resplandezca dentro de tu propia vida y que alumbre a tu alrededor. Él puede hacerlo. Para finalizar este tiempo, dedica unos minutos a orar. Habla con Dios, cuéntale cómo te sientes, descríbele tu vasija. Deja que Él escuche tus palabras. Invócale, ven a Él, háblale, búscale; y Él te oirá y le hallarás (Jeremías 29:12 y 13).

Semana 1. Cuando todo se hace pedazos

Bajo esta lluvia

Aún recuerdo vívidamente aquella noche en que toda mi vida se hizo pedazos. De repente, sin poder creerlo, todo mi mundo se desmoronaba. Mis sueños, aquello que creía poseer, aquello por lo que había luchado durante tanto tiempo. Todo se derrumbaba ante mí. Desaparecía. Para siempre. De repente nada tenía sentido. Los pilares más seguros de mi vida, aquello que sustentaba quién era, se hacían pedazos delante de mí. ¿Estaba de verdad ocurriendo? ¿A mí? Hasta ese momento siempre había parecido imposible. Lo que nunca en mi vida hubiera siquiera imaginado como algo que pudiera ocurrirme. ¡A mí!

Me sentía como si el Sol se hubiera apagado en mitad de un día de verano. Completamente confundida y desorientada. Como si de pronto, mi casa se hubiera derrumbado sobre mí, y yo estuviera de pie, rodeada de escombros y no supiera qué paso dar a continuación. Perdida, expuesta. Sentía como si algo atravesaba mi pecho. Por primera vez experimenté que el dolor emocional también puede sentirse físicamente. Me dolía el alma. Dolía terriblemente.

Todo se había esfumado. ¿Cuál era ahora mi lugar en el mundo? ¿Cuál era mi papel?... ¿quién era yo ahora? Mi cabeza daba vueltas, mis sueños, mis proyectos, mi identidad, mi vida entera se convertía en polvo y se escapaba entre los dedos de mis manos.

Tirada en el suelo. Incapaz de moverme. Incapaz de pensar. Confundida. Devastada. Abatida. Herida... Sola.

Después de haberse detenido por un momento, el tiempo comenzó a avanzar de nuevo lentamente. Muy lentamente. Me veía a mí misma en lo que parecía un pozo profundo y oscuro. Completamente negro. Parecía como que jamás fuera a encontrar la forma de salir de ahí o, mejor dicho, de que alguien me sacara, porque no habría forma de que yo pudiera siquiera levantarme. ¿De verdad iba a continuar la vida?, ¿como si nada hubiera pasado? ¿Cómo era eso posible? Ya no quedaba nada. Salvo esa molesta lluvia que seguía cayendo, dejándome empapada, incómoda, helada.

Pronto me di cuenta de que no estaba sola. En medio de la oscuridad pude vislumbrar a alguien más dentro de mi pozo. Llorando tanto como yo lo hacía. Devastado como yo lo estaba. Tan herido como yo había sido herida. Aunque no le había visto antes, había estado ahí todo ese tiempo. De hecho, Él ya estaba ahí el día que yo llegué. Y entendí que aún permanecería a mi lado. Había sentido a Dios cerca de mí muchas veces antes, pero esta vez era completamente diferente. Se sentía mucho más cercano, más real. Sus heridas estaban abiertas como las mías, también Él sufría como yo, y la misma molesta lluvia lo empapaba también.

En contra de mi lógica, los días fueron pasando. Las semanas. Los meses. Nuevas paredes cayeron. Paredes que hasta ese momento ni siquiera sabía que estaban en pie. Traté de ponerlas en pie de nuevo, me esforcé porque volvieran a construirse. Todo fue en vano. Sin entender cómo, tuve que asumir que lo había perdido todo. Mientras, yo caminaba en mi pozo negro. Pozo que, de repente, se había convertido en un túnel largo y estrecho del que parecía no haber salida. Pero que seguía siendo negro. Negro y oscuro.

Cuando a uno no le queda nada y no tiene tampoco la posibilidad de conseguir lo que le hace falta, no tiene otra opción que dejarse llevar y avanzar en la única dirección que tiene por delante. En mi caso lo llamé supervivencia. Durante mi caminar por el largo, estrecho y oscuro túnel, tuve que aprender a no tener absolutamente nada bajo mi control y a depender de los recursos que se ponían a mi alrededor.

Aún me sentí inmóvil y paralizada durante algunos meses después de aquella noche en la que llegué al pozo negro. Con el cerebro embotado, incapaz de tomar los cientos de decisiones que tuve que tomar en un corto periodo de tiempo. Cientos de emociones a la vez se arremolinaban y peleaban entre sí dentro de mi cuerpo, a la vez que mis ojos veían pasar la vida alrededor mío. Y mientras, mis pies caminaban tambaleantes e indecisos sin saber hacia dónde, dentro del túnel negro, en la única dirección que había disponible: hacia adelante.

Pero no estaba sola. Dios caminaba conmigo. Y yo lo veía a cada paso que daba. Todavía con sus heridas, y derramando lágrimas, como las mías. Pero su paso era, a diferencia del mío, firme y sereno. Él sí tenía el control. Él sí sabía la dirección. Y Él parecía tener las fuerzas que a mí me faltaban. Cuando ves en el que camina a tu lado todo lo que te hace falta, sabes que estás bien acompañado. Dudo poder decir algún día que fue un trayecto fácil. No creo que vaya a recordarlo nunca como un viaje cómodo. Pero sí sé que, contra todo pronóstico, sigo caminando.

Escribo estas líneas aún desde mi túnel oscuro. Sigue siendo tan estrecho como lo era antes, y si miro al frente continúo sin ver nada. Esta molestísima lluvia continúa cayendo sobre mí, no ha parado ni un solo minuto desde entonces. No tengo claro hacia dónde voy, pero sé la dirección: siempre hacia adelante. Todavía está oscuro, pero de un tiempo a esta parte me parece ligeramente más claro, y percibo difusos destellos a lo lejos de lo que parecieran pequeñas estrellas.

Y no estoy sola. Cada día Él camina a mi lado. Aun cuando muchas veces mis propias lágrimas empañan mi visión y no puedo verlo con claridad. Él sigue teniendo todo lo que a mí me falta. Él sabe hacia dónde se dirige el túnel, y algo me hace pensar que lo tiene todo preparado. O tal vez lo está preparando a cada paso que doy.

No sé cuánto me quedará por caminar aún. Algunos días me pregunto si de verdad el túnel terminará en algún momento y si podré salir de él. Pero, si soy sincera, he de reconocer cuánto bien me ha hecho lo que llevo andado. Es posible que el hecho de que este túnel sea tan estrecho haya sido lo que me ha obligado a mantenerme cerca de Él, ¡no hay mucho más espacio por aquí! O puede ser que el no conocer el camino me haya ayudado a confiar en Su dirección, ¿por dónde más podría ir? Posiblemente, que esté tan oscuro haya contribuido a que mis ojos puedan ver más fácilmente los pequeños destellos de luz, que serían imperceptibles bajo la luz del Sol. Sea como fuere, este camino está haciendo algo en mí. No sé todavía muy bien qué es, pero creo poder decir que me gusta, y se siente bien.

Semana 2.
Mantente firme

Día 1. La carrera de la fe

La semana pasada estudiábamos cómo Dios no es ajeno a nuestra situación, y cómo Él desea participar en nuestras vidas para transformarlas. Esta semana nos centraremos en mantenernos firmes mientras dura el proceso a pesar de cualesquiera que sean nuestras circunstancias. Tenemos docenas de ejemplos en la Biblia de personas que se aferraron a su fe, sabiendo que Dios cumpliría su promesa y atravesaron momentos muy difíciles entendiendo que debían permanecer en Dios. El capítulo 11 de Hebreos lista algunos de estos ejemplos. Me gustaría pedirte que leyeras el capítulo completo, pero debido a su extensión, te pediré que al menos leas Hebreos 11:17-38.

Me parece fascinante cómo el autor de esta carta menciona tantas y tan poderosas historias en un fragmento tan corto. Me gusta especialmente la síntesis que hace en los versículos 33 a 38. Es tal la magnitud de lo que hay escrito en cada palabra que es casi imposible leer el texto de seguido sin perder parte de su significado. Conquistas, promesas, filos de espadas, bocas de leones, batallas, fuerzas en la debilidad, castigos, tormentos, muertos que resucitan, cárceles, apedreamientos, escapes… Y todo ello por una sola razón escrita en los versículos 1 y 2 de Hebreos 11. ¿Cuál es?, ¿qué hizo que ocurrieran todas estas cosas narradas en diferentes partes de la Biblia?

"Es, pues, la fe la certeza de lo que se espera, la convicción de lo que no se ve" (Hebreos 11:1). Es por ello por lo que todas estas personas han recibido el nombre de héroes de la fe. Su fe les permitió vivir lo que vivieron. Muchos de ellos soportaron momentos de gran dificultad. Y lo hicieron porque estaban convencidos de que, si lo hacían, algo inmensamente grande vendría después, y querían alcanzarlo. Pero, aunque parezca que la lista acaba ahí, esta lista continúa en el capítulo siguiente. Lee Hebreos 12:1 y 2.

¿Quiénes pueden también sumarse a esa lista?

¿Cómo?

Gracias a la fe, los antiguos (como Hebreos llama a los héroes de la fe) consiguieron ese buen testimonio que tienen ahora ante nuestros ojos. Nosotros también tenemos muchos ojos observándonos a nuestro alrededor, de modo que hagamos uso de esa misma fe y mantengámonos firmes en las promesas de Dios de la forma en la que nos ha pedido.

El escritor de esta epístola compara este proceso al de una carrera. Nos anima además a correr con paciencia. A pesar de que nunca he sido una chica deportista, me gusta la comparación. Un corredor corre una carrera poniendo todo de sí para ganar el premio. Corre con seguridad. A cada paso que da, su objetivo es el de llegar a la meta. No importa el dolor, el cansancio, la sed, el sudor. Sólo piensa en aguantar un paso más y llegar al final. Considera este versículo:

> ¿No sabéis que los que corren en el estadio, todos a la verdad corren, pero uno solo se lleva el premio? Corred de tal manera que lo obtengáis. (1ª Corintios 9:24)

Corred de tal manera que lo obtengáis. ¿Cuál es la forma de correr que nos asegura conseguir el premio? Un corredor tiene que poner todo de su parte. Dar lo máximo de sí mientras está corriendo. No podemos correr por correr. Debemos correr para alcanzar lo que perseguimos. Si no lo hacemos, estaremos corriendo en vano.

> Debemos correr para alcanzar lo que perseguimos. Si no lo hacemos, estaremos corriendo en vano.

Filipenses 2:16 nos da una primera pista sobre cómo debemos correr para que nuestra carrera no resulte vana. ¿Qué dice al respecto?

Correr en vano es posible. Es posible que estemos corriendo y corriendo y, al llegar a meta, nos demos cuenta de que nuestro esfuerzo no ha servido para nada, ha sido en vano. Por eso es muy importante que nos aferremos a la Palabra. Es muy importante que la consideremos a cada paso que damos. Hay muchos obstáculos en nuestro camino que nos pueden hacer tropezar o equivocarnos de dirección. Las consecuencias son catastróficas.

> Vosotros corríais bien; ¿quién os estorbó para no obedecer a la verdad? (Gálatas 5:7)

Muchas veces no somos conscientes de todos esos elementos alrededor que nos estorban mientras corremos y nos apartan de la verdad de la Palabra, y por eso no los tomamos en cuenta. Pero recuerda que pueden hacernos perder la carrera, no llegar nunca a la meta. Mantenernos firmes en medio de la situación en la que estamos debe ser una prioridad en todo momento. Es importante que pensemos en ello y seamos conscientes del peligro que nos rodea.

¿Qué elementos a tu alrededor crees que te están estorbando para avanzar en tu carrera?

Hemos leído hace unos minutos cómo el autor de Hebreos nos animaba a correr esta carrera de la fe con paciencia. Al hacerlo, nos instaba a considerar dos acciones (Hebreos 12:1 y 2):
1. *Despojarnos de todo peso y el pecado que nos asedia.*
2. *Poner los ojos en Jesús.*

Hay muchas cosas con las que cargamos que no nos permiten correr bien. Algunas son cargas que traemos del pasado, emociones que afectan nuestro presente, pensamientos que nublan nuestro futuro. Sea lo que sea que estás cargando, este es el momento de traerlo y presentarlo ante Dios. Observa tu vida y encuentra esos detalles, pequeños o grandes, que te estorban. Posiblemente también algunos pecados que mantienes ocultos. Pídele a Dios que te ayude a ser consciente de ellos. Confiesa aquellos que están ahora en tu mente. "Si confesamos nuestros pecados, él es fiel y justo para perdonar nuestros pecados, y limpiarnos de toda maldad" (1ª Juan 1:9). Despójate del peso que te impide correr bien y asegúrate de correr de forma que obtengas el premio final.

Puede que la situación que estás enfrentando en estos momentos sea consecuencia de algunas malas decisiones que tú misma tomaste. El pecado trae consecuencias devastadoras sobre nuestras vidas y las de aquellos a los que amamos. Pero Dios está dispuesto a tomar tu mano y ayudarte a levantarte de nuevo. No todo está perdido. Dios es un Dios de esperanza. Acude a Él, confiesa tu pecado, póstrate ante Él y pídele que te limpie. Después cambia aquello que no está bien en tu vida. Enderézalo para que Dios pueda ser glorificado en ti. Dedica unos

> Dios está dispuesto a tomar tu mano y ayudarte a levantarte de nuevo.

minutos antes de continuar para orar por esto.

En segundo lugar, el texto en Hebreos 12 nos anima a poner los ojos en Jesús. Esto nos ayuda a saber que nos mantenemos en el carril correcto. Cuando estaba aprendiendo a conducir para sacarme el carné, durante mis primeras clases, estaba demasiado preocupada por no salirme de la carretera. Por ello, constantemente miraba las líneas a los bordes del carril intentando averiguar cómo de lejos estaba de ellas. Sin querer, mis manos hacían girar el volante hacia el lado de la carretera al que estaba mirando. Mi instructor siempre me repetía: "No, Débora, mira hacia adelante, tu vehículo siempre avanzará hacia donde miren tus ojos". Y en efecto, mi instructor tenía razón. Cuando entendí que debía mantener la mirada hacia el frente, dejé de tener problemas manteniéndome en mi carril. Algo similar ocurre en nuestro correr, siempre avanzaremos hacia el lugar hacia el que miramos. ¿Hacia dónde estás mirando? ¿No consigues apartar la mirada de tu propio problema? ¿Estás completamente ofuscada en lo que tú misma has decidido que es lo mejor para ti? ¿O es Jesús donde se centran tus ojos?

Abre tu Biblia en Filipenses 3:13 y 14.

¿Qué es lo que Pablo olvida?

¿A dónde se extiende?

¿Hacia dónde prosigue?

Hay sin lugar a dudas muchas otras cosas en las que detener la mirada mientras corremos. Sin embargo, al igual que un corredor debe esforzarse al máximo en la carrera y no desviar la mirada de la meta ni un sólo instante mientras está corriendo; nuestros ojos no pueden separarse de Jesús mientras avanzamos en la carrera de la fe esforzándonos por mantenernos firmes y alcanzar aquello que se nos ha prometido.

Dedicaremos la última semana de forma completa a fijarnos en Jesús y poner nuestra mirada enteramente en Él. No obstante, tenemos aún muchas otras cosas que seguir aprendiendo hasta entonces. Te espero mañana para considerar juntas cómo seguir manteniéndonos firmes cuando suframos los ataques del enemigo en medio de nuestro tiempo de prueba.

Día 2. Cuando el enemigo asecha

Definitivamente, los momentos en los que nos sentimos abrumados y cargados con el sufrimiento y la dificultad de la situación que nos rodea son etapas en las que somos especialmente vulnerables a los ataques del enemigo. No te sorprenda que cuando estés atravesando una de estas tormentas, te descubras atacada por otras circunstancias o situaciones que no esperabas. Algunas veces parece que todo se pone de acuerdo para actuar en nuestra contra. En estos momentos, la tentación puede ser algo difícil de sobrellevar.

Jesús se había apartado al desierto guiado por el Espíritu después de haber sido bautizado por Juan justo antes de iniciar su ministerio. Después de pasar cuarenta días buscando a Dios en ayuno, tenía hambre. Ese fue justo el momento que Satanás utilizó para acercarse a Él y tentarle diciéndole que convirtiera las piedras en panes (Lucas 4:1-3). Satanás está a nuestro alrededor, observándonos y atento a nuestros momentos de debilidad, cuando más propensos somos a caer, y nos tienta en esas formas en las que sabe que tenemos más probabilidad de fallar.

Vamos a comenzar abriendo nuestras Biblias en 1ª de Pedro 5:8-11.

Fíjate en cómo Pedro aquí describe cómo está Satanás a nuestro alrededor (v. 8). Es una escena atemorizante. No me gustaría nada estar en las proximidades de un león hambriento buscando qué comer. Y sin embargo lo estoy. Un león rugiente no es cualquier cosa, es un auténtico peligro. Amiga, estamos en grave peligro, y no siempre somos conscientes de ello.

Pero para nuestra tranquilidad, tenemos a mano las herramientas necesarias para defendernos de ese león. No nos encontramos completamente desprovistos en medio del campo sin ninguna posibilidad de sobrevivir. Al contrario, estamos bien equipados y con todo lo que necesitamos para vencer. Lo único que tenemos que hacer es hacer uso de nuestro equipo de defensa.

Acompáñame a Efesios 6, y lee los versículos 10 a 18. Después completa la tabla en la página siguiente.

Pieza de la armadura	representa...
Cinturón	verdad

¿Para qué sirve, según el texto, la armadura?

1. _____ (v. 3)

2. _____ (v. 4)

> Todas las piezas de la armadura están a nuestra disposición, pero tenemos que llevarlas puestas, si no, estaremos desprotegidos.

Hay algo que me parece realmente importante en esta armadura, y es que todas las piezas están a nuestra disposición, pero tenemos que llevarlas puestas, si no, estaremos desprotegidos. La verdad, la justicia, el evangelio de la paz, la fe, la salvación, todo eso debe formar parte de nuestra vida, debe estar dentro de nosotros.

Piensa en cada una de ellas por separado. ¿Cómo podemos introducirlas en nuestro día a día para que formen parte de nuestra vestimenta?

Sin embargo, el texto destaca una de estas piezas de la armadura sobre todas las demás. ¿Cuál es aquella que debemos tomar sobre todas las demás? (v. 16)

El escudo de la fe juega un papel importante en nuestra protección contra las asechanzas del diablo. Es además la única de las piezas para las que proporciona una descripción sobre su utilidad.
¿Para qué sirve el escudo de la fe?

¿Recuerdas algún personaje de la Biblia que hizo uso de la fe para atravesar las dificultades en su vida?

Espero que esta última pregunta te haya resultado fácil ya que ayer leímos los nombres de al menos una docena de ellos mientras aprendíamos sobre la carrera de la fe. En ciertas ocasiones, avanzar se hace realmente complicado. Apenas hemos dado un paso, nos damos cuenta de que el camino se hace más largo y nuestras fuerzas no serán suficientes para llegar al final. Y por si eso fuera poco, el enemigo se mantiene alerta, dispuesto a hacer todo el daño que le sea posible, disparando sus dardos de fuego directamente hacia nosotros.

Hemos leído que el escudo de la fe es nuestro artilugio para apagar los dardos de fuego de Satanás. Es decir, a través de nuestra fe podemos vencer las tentaciones que Satanás presenta delante de nosotros.

> A través de nuestra fe podemos vencer las tentaciones que Satanás presenta delante de nosotros.

¿Cómo crees que esto es posible? ¿Cómo puede nuestra fe ayudarnos a no caer?

No obstante, no olvidemos que el escudo es parte de una armadura completa, debemos vestirla en su totalidad para "poder estar firmes" (v. 11) y para "resistir en el día malo" (v. 13). Pero, además, lee bien el versículo 18 ¿cómo debemos vestir la armadura?

Aprender a estar firmes es nuestro objetivo esta semana. Como estamos pudiendo comprobar, la fe tiene un papel fundamental en esta tarea. Hay dos momentos en los que el texto de Efesios nos anima a mantenernos firmes. Escríbelos a continuación:

1. _____ (v. 11)

2. _____ (v. 13)

Es cierto que tenemos que prestar especial atención y esforzarnos por mantenernos firmes cuando veamos a Satanás atacando nuestra vida. Pero cuando el tiempo de ataque parezca haber finalizado, mantenernos firmes sigue siendo igual de importante.

> Cuando el tiempo de ataque parezca haber finalizado, mantenernos firmes sigue siendo igual de importante.

La fe nos ayuda a tener presente aquello por lo que queremos mantenemos en pie: las promesas de Dios. Los héroes de la fe de los que hablábamos ayer tenían muy claro lo que esperaban y lo que encontrarían al final del camino. Eso fue lo que les impulsó y les dio fuerzas. Eso fue lo que hizo que se mantuvieran en pie a pesar de que todo a su alrededor indicara que no lo conseguirían. Seguramente por eso Pedro utiliza la expresión *firmes en la fe* en el texto que leíamos al inicio de la sesión de hoy. Volvamos a abrir nuestras Biblias en 1ª de Pedro 5:8-11.

Nadie puede resistir en pie mientras es golpeado si no tiene un punto de apoyo al cual agarrarse. ¿Cuál es tu apoyo? ¿A qué te mantienes agarrada? Si no te sostienes sobre algo, seguramente caerás cuando el diablo empiece a disparar sus dardos de fuego. Recuerda lo que hablábamos ayer sobre la importancia de mantener nuestros ojos fijos en la meta.

Sea lo que sea que está ocurriendo a tu alrededor, recuerda que no estás luchando con situaciones injustas, ni con acontecimientos adversos, ni siquiera con personas que te hacen daño. Tu lucha es "contra principados, contra potestades, contra los gobernadores de las tinieblas de este siglo, contra huestes espirituales de maldad en las regiones celestes" (Efesios 6:12). Y contra esas fuerzas, es poco lo que tus "fuerzas humanas" pueden conseguir. Fíjate en lo que nos recomienda Pedro: "Sed sobrios, y velad" (1ª Pedro 5:8). Estate alerta y mantente calmada, inalterable, bajo control... firme. Ese es tu trabajo. No es cambiar una situación que está fuera de tu control. No es detener los ataques que estás recibiendo. Es controlar tu respuesta. Es mantenerte firme. Es resistir a la tentación, sea cual sea. Pero en medio de todo esto, Pedro tiene dos buenas noticias para ti:

> Tu trabajo no es cambiar una situación que está fuera de tu control ni detener los ataques que recibes; sino controlar tu respuesta.

1. No estás sola en esto. "Los mismos padecimientos se van cumpliendo en vuestros hermanos en todo el mundo" (1ª Pedro 5:9). Hombres y mujeres de toda la superficie de la tierra se encuentran en estos momentos luchando contra exactamente las mismas huestes contra las que tú luchas. Yo sé cuán sola te sientes. Pero muchos estamos contigo. ¡Cuánto quisiera agarrar tu mano físicamente en este momento!
2. Ya pronto acabará. "Después que hayáis padecido un poco de tiempo" (1ª Pedro 5:10). La vida en la tierra es corta comparada con lo que viene después. Pero el tiempo de aflicción, por largo que sea, es más corto aún. Y aunque tengas que sufrir un dolor crónico hasta el último día, ese día llegará. Y acabará para siempre. No más aflicciones ni tentaciones por la eternidad.

Mantengámonos firmes en la fe hasta que llegue ese día. Después, todo esto habrá quedado atrás para siempre. Fija tus ojos en Jesús y permanece firme en la fe en esas promesas que un día llegarán. Esto es solo una etapa, y como cualquier otra etapa, el final llegará.

Día 3. Si permanecéis en mí

Nací y crecí en un pequeño pueblo manchego que durante años se ha dedicado a la agricultura. Si viéramos su territorio desde el aire, veríamos cómo todavía está rodeado por numerosos campos de cultivo. Algunos de ellos son campos de olivo, pero la mayoría son viñas, campos de vides, donde se cultiva la uva. Recuerdo cómo durante los meses de inicio del colegio, muchos de mis compañeros pasaban fines de semana completos en el campo, junto a sus familiares en la vendimia, como se le llama a la recolección de la uva ya madura. Imagino que es por eso por lo que textos como el que vamos a leer hoy cobran un sentido especial para mí. Acompáñame al evangelio de Juan, capítulo 15. Este es un texto denso con mucho contenido cultural sobre pámpanos, vides, fruto y limpieza de la vid. Lee Juan 15:1-8 antes de continuar.

Entre otras muchas cosas, mis años de infancia me enseñaron que hay dos momentos al año en el cultivo de la uva en los que la cantidad de trabajo es mucho mayor. Ya he mencionado el primero: la vendimia, cuando se recoge el fruto. El segundo es la poda, cuando se cortan los pámpanos.

Los pámpanos son delgadas ramas que brotan del tronco principal de la vid. De ellas salen primero las hojas y después las uvas. Durante la poda, hay que diferenciar muy claramente los dos tipos de pámpanos que hay en la vid: los que producen uvas y los que no. En todas las vides hay pámpanos de los que no saldrá ni una sola uva.

- Los pámpanos que no han producido uvas en el verano se cortan del todo. De este modo, al año siguiente volverá a salir un pámpano nuevo en el mismo lugar, sólo uno, y de la misma forma, este pámpano tampoco producirá uvas.
- Los pámpanos que sí han producido fruto se podan dejando unos centímetros después del primer brote para que se reproduzcan. Al año siguiente, dos pámpanos brotarán de lo que queda de éste, ambos pámpanos producirán fruto, será un buen fruto, y el pámpano estará así duplicando su producción de fruto.

Pensemos en esto por un momento. Hay una diferencia abismal entre cortar un pámpano y podarlo. Los pámpanos que no han producido fruto se cortan, se eliminan, no son útiles para la vid. En mi pueblo, los jornaleros recogen los manojos de pámpanos cortados y los atan para ser quemados. Se utilizan para encender la chimenea. O bien se queman en hogueras y sirven para calentarse y asar carne. Para hacer crecer uvas desde luego que no sirven. En cambio, los pámpanos que sí han producido fruto se podan, así producirán más fruto.

Según esta analogía, los cristianos somos pámpanos ¿Está tu vida produciendo fruto? Cuando el labrador venga a limpiar la vid y se encuentre con tu pámpano, ¿qué crees que hará contigo? No te pediré que lo escribas en este momento, pero es conveniente que pienses en ello.

Observa el conocido pasaje que tenemos a continuación. Léelo detenidamente pensando en tu vida en estos momentos.

> Hay una diferencia abismal entre cortar un pámpano y podarlo.
> Los pámpanos que no han producido fruto se cortan, los que sí, se podan.

> Mas el fruto del Espíritu es amor, gozo, paz, paciencia, benignidad, bondad, fe, mansedumbre, templanza; contra tales cosas no hay ley. (Gálatas 5:22-23)

Ahora vuelve a leer cada fruto del versículo anterior y rodea con un círculo aquellos que describen qué reflejas tú ahora, en las circunstancias en las que te encuentras. ¿Qué frutos muestra tu vida?

A menudo pensamos erróneamente que las circunstancias adversas de la vida nos dan una tregua para dejar de hacer lo que debemos hacer y centrarnos egoístamente en nosotros mismos. Como si la vida se detuviera a nuestro alrededor y no tuviéramos que pensar en nada más. Los frutos del Espíritu no son tareas que tenemos que cumplir o no. Son frutos. Es lo que producimos por el simple hecho de tener al Espíritu Santo dentro de nosotros. Tu vida debería seguir produciendo frutos del Espíritu mientras el Espíritu esté en ella. Independientemente de la situación en la que te encuentres. Es cierto que, según tus circunstancias concretas, puede que estés limitada físicamente, o tu cantidad de tiempo se haya visto afectada. Es comprensible que, por un periodo de tiempo, no puedas dedicarte tanto a otros o hacer las tareas que podrías hacer en condiciones normales. Es también completamente entendible que estés triste, o en medio de un tiempo de duelo. Pero independientemente de ello, ¿qué es lo que otros ven en ti? ¿Qué estás reflejando? ¿Pueden verse los frutos del espíritu?

Fíjate de nuevo en el versículo 5 de Juan 15. ¿Qué podemos hacer separados de Jesús?

Nada podéis hacer. Nada. No sé si te has parado a pensar esto alguna vez. ¿Qué significa "nada" aquí? Yo conozco varias personas de éxito que permanecen "fuera de la vid". No quieren saber nada de Dios, y viven completamente apartados de Él. Y sin embargo les va bien en el trabajo, tienen dinero, familias preciosas, casas impresionantes… pero aquí Jesús afirma rotundamente: "separados de mí nada podéis hacer" (Juan 15:5b).

No nos dejemos engañar, éxito es producir uvas, llevar mucho fruto. Eso es para lo que fuimos creados. Alimentar una hoguera y asar chuletas no es éxito. Mucha gente se conforma con eso, y lo llama éxito, pero no lo es. Yo quiero producir uvas. Quiero llevar mucho fruto. Y separada de Dios, *nada* puedo hacer.

> Éxito es producir uvas. Alimentar una hoguera y asar chuletas no es éxito.

Es posible que hayas notado al leer hoy el texto que hay un verbo que se repite constantemente a lo largo de la lectura: *permanecer*. Si eres de aquellos a los que les gusta subrayar su Biblia, tal vez quieras localizar y marcar cada vez que aparece esta palabra en el texto. Si no, simplemente dedica unos minutos a detectar esta repetición constante.

Además de esto, tal vez hayas notado que, aunque se utiliza la misma palabra, no siempre es con el mismo sentido. Fíjate cómo algunas veces habla de nosotros permaneciendo en Jesús y otras veces de Jesús permaneciendo en nosotros. Observa la diferencia. ¿Cuántas repeticiones encuentras de cada tipo?

Jesús permaneciendo en nosotros: ☐

Nosotros permaneciendo en Jesús: ☐

Es fácil observar cómo casi cada vez que Jesús menciona la expresión "permanecer en mí" la acompaña casi inmediatamente de "y yo en él/vosotros", ¿te has fijado? Esto me lleva a pensar que no puede darse la una sin que se dé la otra. Si permanecemos en Él, Él permanecerá en nosotros.

Observa ahora de qué forma usa "permanecer en vosotros" en el versículo 7. ¿Crees que hay alguna diferencia entre "permanezco en vosotros" y "mis palabras permanecen en vosotros"?

☐

Creo que Jesús quiere resaltar aquí la importancia de tomar en cuenta sus palabras y de cómo recordar sus palabras y mantenerlas activas dentro de nosotros es una parte esencial para que Él mismo permanezca en nosotros.

¿De qué formas crees que podemos hacer que las palabras de Jesús permanezcan en nosotros? Escribe todas las que se te ocurran.

Desde luego leer la Biblia es, a mi modo de verlo, una tarea fundamental. No conseguiremos que las palabras de Dios estén dentro de nosotros si no las "hacemos entrar". Es importante que nosotros permanezcamos en Él, junto a Él, constantemente ocupados en sus cosas. Que nos congreguemos con otros hermanos, que sirvamos en la iglesia, que nos involucremos en el ministerio. Pero es igualmente importante que Él permanezca dentro de nosotros, en nuestro interior. Necesitamos alimentarnos de esa savia que circula en la vid y que nuestros pámpanos se llenen de ella.

Según el texto que hemos leído:
¿Qué debe ocurrir para que no seamos cortados de la vid, y por lo tanto nos mantengamos en ella?

¿Qué debe ocurrir para que llevemos fruto?

Date cuenta de que necesitamos permanecer en la vid para llevar fruto, pero además tenemos que dar fruto para permanecer en la vid, de lo contrario seremos cortados de ella. Hay una muy estrecha relación entre ambos. Permanecer en la vid y llevar fruto. Llevar fruto y permanecer en la vid.

Algunas veces tratamos de cambiar las cosas cambiando simplemente el exterior, aquello que nuestros ojos pueden ver. Y puede ser que resulte al principio, pero los cambios

> Necesitamos permanecer en la vid para llevar fruto, pero además tenemos que dar fruto para permanecer en la vid.

no son permanentes. Si queremos hacer un cambio en algún aspecto de nuestra vida, debemos cambiar aquello que lo ocasiona, el origen. Si queremos ver cómo nuestras vidas producen el fruto para el que fueron creadas, debemos asegurarnos de que nuestro interior está recibiendo la Palabra de Dios. Sin la savia que procede de la vid, los pámpanos no pueden producir uvas. Lo que ocurre fuera es siempre un reflejo de lo que está ocurriendo dentro. Pero para asegurarnos de que el interior sigue recibiendo lo que necesita y sigue conectado a la fuente, debemos asegurarnos de mantener ese fruto activo, de lo contrario, nuestro interior dejará de recibir lo que necesita.

¿En qué necesitas trabajar en estos momentos?, ¿en permanecer en la vid?, ¿mantener tus frutos?, ¿tal vez los dos?

Fíjate, para terminar, en el versículo 8 de Juan 15.
¿En qué es glorificado el Padre?

¿Cómo crees que tu vida puede glorificar a Dios ahora mismo, en las circunstancias en las que te encuentras?

No se trata de nosotros. Tenemos una misión en esta tierra. Y cumplirla o no, no depende de nuestras circunstancias o nuestro estado anímico, al menos no debería ser así. Un pámpano limpio, eso es lo que quiero ser. Un pámpano que lleve el doble de fruto. Sean cuales sean mis circunstancias. Pero si te has dado cuenta de algo, el pámpano, para que dé buen fruto, debe ser limpiado. Es necesario que pase por un proceso de poda y cortar lo que sobra. No sé qué hay en tu vida que hay que limpiar para que puedas llevar mucho fruto. Los momentos de dificultades son un buen momento para hacer esos cortes. Cuando todas las hojas se han caído y los pámpanos están adormecidos.

Durante el final del verano, una gran parte de mis vecinos salían al campo a recoger las uvas. Había mucho trabajo. Trabajo para todo el que estuviera dispuesto a pasar unas horas en el campo. Al inicio del invierno, cuando llega el momento de la poda, nuevamente es mucho el trabajo por realizar. Pero entonces sólo unos pocos van a trabajar. Sólo los expertos pueden podar la vid. Es un trabajo delicado y requiere del conocimiento del labrador. Dios es el labrador. Él va a cortar lo que te sobra, va a hacer de tu pámpano un pámpano que lleve mucho fruto, pero para ello debes permanecer en la vid.

> Dios es el labrador. Él va a cortar lo que te sobra, va a hacer de tu pámpano un pámpano que lleve mucho fruto.

Día 4. En adoración

Cuando hablamos de sufrimiento, posiblemente uno de los textos principales que nos vienen a la mente es el del libro de Job. Job, un "hombre perfecto y recto, temeroso de Dios y apartado del mal" (Job 1:1) que lo perdió todo. En el transcurso de una misma tarde murieron sus diez hijos y perdió todas sus riquezas. Pero hay algo sorprendente en la forma en la que Job recibe tan fatídicas noticias. Lee Job 1:20.

¿Qué hace Job justo al enterarse de todo lo que ha ocurrido?

A pesar del dolor, Job asume su situación, se postra y adora a Dios.

Pero hay más, las desgracias no terminan ahí, y la miseria en la vida de Job continúa durante meses. Una enfermedad afecta el cuerpo de Job llenándolo de llagas. Su esposa lo rechaza y sus amigos comienzan a culparle de la situación. Las personas que antes lo tenían en estima ahora lo desprecian. Es entonces cuando Job comienza a cuestionar a Dios. No puedo afirmar que yo hubiera esperado hasta ese punto para hacerlo. El capítulo 23 del libro de Job expone cómo Job se siente en esos momentos. Lee Job 23 y marca a continuación la casilla que consideres para cada afirmación.

Job se siente solo y abandonado por Dios.
☐ Sí ☐ No

Job se considera justo ante los ojos de Dios.
☐ Sí ☐ No

Job entiende que es merecedor de lo que le ocurre.
☐ Sí ☐ No

Job tiene miedo de lo que Dios puede hacer en su vida.
☐ Sí ☐ No

Job entiende que Dios es soberano para hacer lo que considere.
☐ Sí ☐ No

Las preguntas que Job hace a Dios están centradas en la soberanía de Dios. Job reconoce que Dios es Omnipotente y por lo tanto tiene el poder sobre todas las cosas.

Escribe a continuación el significado de la palabra *omnipotente*. Puedes escribirlo con tus propias palabras si lo tienes suficientemente claro o ayudarte de algún diccionario.

¿De qué forma encaja Dios en la definición que has escrito de *omnipotente*?

Sin embargo, a pesar de que Job reconoce la omnipotencia de Dios, se cuestiona por qué Dios usa ese poder para dañar a un hombre que ha tratado de agradarle de la forma que él lo ha hecho (Job 13:24).

El debate entre Job y sus amigos ocasiona una gran tormenta. Finalmente, en medio de la desesperanza, Dios responde a Job con suma autoridad (Job 38 y 39).

En Su intervención, Dios responderá a las cuestiones de Job haciéndole ver cuán pequeño es él comparado con la inmensa grandeza de Dios. Ahora es el turno de que Dios haga las preguntas y Job ofrezca respuestas. Las preguntas de Dios dejan a Job sin palabras. Dios expone de forma contundente Su grandeza frente a la ignorancia de Job. En su intervención, Dios pregunta a Job sobre los misterios de la naturaleza y el universo haciendo ver a Job que Dios, el Omnipotente y Soberano, tiene todo en la palma de Su mano. Dios es el que hace que el mundo funcione de la forma en que funciona. Por Su divina acción existen la tierra y el mar, la luz y la oscuridad, las condiciones atmosféricas, las constelaciones, ... Y Él tiene pleno conocimiento de todo ello. En Su mano están el reino animal y el cuidado de todos los seres sobre la faz de la tierra. Ante tal exposición, Job no puede hacer otra cosa que bajar su cabeza en señal de reverencia y reconocer su pequeñez (Job 40:3-5).

Pero Dios continúa Su discurso. Aún hay algo importante que Job necesita aprender. Lee con mucha atención Job 40:8-14. Si crees que es necesario, repite la lectura hasta que hayas comprendido bien qué es lo que está transmitiendo.

Dios está retando en estos versículos a Job a ponerse en Su lugar.

Job ha osado cuestionar las intenciones de Dios, de modo que Dios ahora le reta. Son dos los desafíos que Dios plantea a Job. Analiza las palabras de los siguientes versículos y escribe con tus propias palabras cada uno de los dos retos de Dios hacia Job.

Reto 1: (v. 10)

Reto 2: (vv. 11-13)

> Todo lo que Dios hace o permite tiene un doble objetivo: la exaltación y gloria de Su persona, y la humillación de quienes se oponen a ello.

A través de estos dos retos, Dios está transmitiendo a Job el propósito de todo lo que hace. Todo, absolutamente todo lo que Dios hace o permite que ocurra, tiene un doble objetivo. En primer lugar, la exaltación y gloria de Su propia persona. Dios es soberano, todo en este mundo fue creado por y para Él, incluidos tú y yo. En segundo lugar, Dios humilla a aquel que se sitúa en contra de ese primer propósito. Al orgulloso, al que no es capaz de exaltar Su Nombre, Dios lo humilla. Y estos dos propósitos están presentes en todas y cada una de las acciones que Dios realiza: las que Dios ha presentado a Job en los capítulos anteriores e, incluso, las que Job estaba reclamando a Dios con anterioridad.

En su ignorancia, Job reclamaba a Dios un uso altanero de su poder perjudicando a otros, incluso a los íntegros. En su respuesta, Dios no confirma en ningún momento que su posición lo sitúa en un lugar en el que puede hacer lo que quiera con quien quiera. Aunque esto sería perfectamente posible dado su poder, no encaja del todo con otros atributos de Dios, como la bondad o el amor. En cambio, Dios presenta una razón justificada e intencional en la forma en que obra.

Hay demasiadas cosas que se escapan de nuestra mente limitada. Dios tiene un control absoluto sobre todo lo que concierne al mundo, incluida nuestra vida. Tal es Su inmensidad que jamás podremos abarcarlo con nuestra mente. Ante esta realidad, sólo podemos someternos a Dios y adorar Su grandeza de la misma forma en que Job lo hizo. Lee Job 42:1-6. Allí en medio de la tormenta, en la desesperación y el dolor de una situación que sobrepasa las fuerzas de Job, Job se humilla ante Dios y adora.

Todo lo que Dios hace o permite que suceda está dentro de sus designios. Incluso esta situación difícil que estás pasando y que te abruma y te llena de preguntas. Nada se escapa de Su poder, todo está en consonancia con Su propósito: cubrirse de la gloria debida a Su Nombre y humillar a los malvados.

Amiga, asumamos nuestra condición y sometámonos a la soberanía de Dios. Deja de buscar respuestas al porqué de tu situación, deja de intentar cambiar algo sobre lo que en realidad no tienes ningún control. Inclinémonos a Su persona y Su voluntad y dejemos que Él sea exaltado en nuestra vida a través de lo que estamos viviendo. Él humillará a los orgullosos y exaltará a los humildes (Salmos 147:6). ¿Podrías escribir a continuación los dos propósitos que esta situación que Dios está permitiendo en tu vida tienen? Recuerda que los escribiste hace apenas unos minutos.

> Deja de buscar respuestas al porqué de tu situación, deja de intentar cambiar algo sobre lo que en realidad no tienes ningún control.

Esta misma situación que ahora te parece que te destruye, cumplirá con su propósito de exaltarte un día si pasas por ella con humildad. Así que mantente firme con fidelidad y humildad. Recuerda que la vida de Job parecía completamente devastada, pero debido a su humildad, después de la tormenta fue el doble de próspera de lo que era antes de ella (Job 42:10). Que no puedas verlo, no significa que no haya algo maravilloso esperándote al final de la tormenta.

La adoración debería ser nuestra respuesta natural ante la aflicción. Y lo sería si mantuviéramos una actitud humilde y fuéramos conscientes de la inmensidad de Dios. Una adoración reverente, que nos haga inclinarnos y postrarnos ante la enorme soberanía de Dios. Lo sé, para mí también parece un misterio.

Como tarea final, voy a pedirte que abras tu Biblia en los capítulos 38 y 39 del libro de Job y los leas en voz alta en actitud de reverencia y adorándole por su inmensidad. Puede parecer un texto un tanto extenso, pero, aunque dependerá de la velocidad de tu lectura, no te llevará mucho más de cinco o diez minutos. Céntrate en Dios y adórale. Deja que Su Nombre sea glorificado en tu vida, más aún en medio de tu dificultad.

> La adoración sería nuestra respuesta natural ante la aflicción si mantuviéramos una actitud humilde y consciente de la inmensidad de Dios.

Día 5. Cuenta las estrellas

Comenzamos la semana hablando de los héroes de la fe, y la finalizaremos del mismo modo. Regresemos a la lista que leíamos en Hebreos 11 y leamos los versículos 8 a 12.

¿De quién nos hablan estas líneas?

¿Cuál era la promesa que esperaba?

Abram (que era su nombre antes de que Dios se lo cambiara por el de Abraham) recibió esta promesa en medio de una sociedad corrupta y perdida. Ya Dios había destruido la humanidad salvando a Noé y su familia, pero la historia se repetía de nuevo. En esta ocasión, Dios decidió elegir a un hombre y formar, a partir de él, una nación especial: Su pueblo. Este hombre escogido fue Abram. Lee en Génesis 12:1-3.

Hay un aspecto cultural importante que debemos tener en cuenta aquí: la importancia de la descendencia. Leyendo este texto nos puede parecer que la promesa es importante, pero, dadas las asunciones culturales del momento, es aún mayor. Dios ha escogido a un hombre para formar un grupo de personas especial. Su descendencia será el pueblo de Dios. Pero en una sociedad como aquella, la palabra descendencia resonaba de una forma especial. Un hombre sin descendencia era un hombre sin legado, olvidado, un hombre que no dejaría huella. Un hombre padre de una gran nación era un hombre cuyo nombre sería recordado durante generaciones. Un hombre que causaría un gran impacto. Abram tenía aquí 75 años. Pero notemos un pequeño e importante detalle. Regresemos al capítulo anterior. Lee en Génesis 11:29 y 30.

¿Quién era Sarai y qué sabemos de ella?

A sus 75 años, con una esposa de 65, y con un largo historial de infertilidad, Abram recibe la promesa de una tierra especial destinada para él y su descendencia. Descendencia que por el momento era no sólo inexistente, sino también un tanto improbable. Pero veamos cuál fue la respuesta de Abram ante las indicaciones de Dios. Continúa leyendo en Génesis 12:4-8.

Abram dejó la tierra de su padre como Dios le había dicho que hiciera. Tomó todo lo que tenía y se fue a Canaán, al lugar indicado por Dios. Después, Abram edificó un altar cuando Dios le confirmó que ese era el lugar. Allí invocó al Señor.

Se me ocurren muchas excusas. Se me ocurren muchas objeciones que Abram podía haber utilizado. Pero Abram obedeció y adoró a Dios. Y continuó haciéndolo durante los años siguientes. Dios continuó confirmando la promesa de la tierra prometida a su descendencia, y Abram continuó adorando a Dios y esperando en Él.

¿Qué crees que es lo que ayudó a Abram a mantenerse firme?

Pasaron diez años, Dios seguía recordando a Abram su promesa. Sin embargo, la situación permanecía igual. Abram no poseía todavía ninguna tierra. Y su descendencia era aún inexistente, Abram no tenía hijos. Imagino a Abram pensando en su condición una noche observando la tranquilidad y el silencio a su alrededor. Las cosas no eran como él había esperado. Tenía ganados, bienes, gente a su disposición, pero si al menos tuviera un sólo hijo. Entonces Dios apareció y le habló. Lee lo que ocurrió en Génesis 15:1-6.

¿Quién pensaba Abram que recibiría por herencia la tierra prometida?

¿Cómo le hacía sentir eso?

¿En quién pensaba Dios como heredero?

Una vez más Dios promete recompensar su esfuerzo. No era fácil dejarlo todo siguiendo una promesa que parecía no cumplirse nunca. Cada año que pasaba, Abram era más viejo, y la esperanza era menor. Pero Abram se mantenía firme. Inquebrantable. En ningún momento mostró dudas de que Dios cumpliría Su promesa, de hecho, había ideado una forma posible en la que Dios podía cumplirla. No obstante, Abram no parece animado en absoluto. Él de verdad deseaba una descendencia propia. Pero parece ser que la promesa se cumpliría en el hijo de su esclavo. No había nadie más en quien pudiese cumplirse. Si así era, tanto esfuerzo no merecía la pena. Abram lo había dejado todo. Había vivido como extranjero durante años. Pero la alegría de un hijo, lo que más deseaba, no llegaría nunca. Abram se sentía decepcionado. ¿Para qué querría una tierra si sus años para disfrutarla terminarían pronto?, ¿para dejársela a sus esclavos?

> Como humanos, las soluciones que podemos encontrar a situaciones complejas son normalmente soluciones mediocres.

Por supuesto la visión de Dios era completamente diferente. Abram ve un hecho. No hay hijos, y no es posible que los haya. Dios lo ve como algo no determinado todavía. Siempre hay una posibilidad de cambio. Nada es imposible para Él.

Y entonces Dios le explica su error. Abram había intentado crear una solución, explicar la situación con su propia lógica. Pero por supuesto no era una solución satisfactoria. Como humanos, las soluciones que podemos encontrar a situaciones complejas son normalmente soluciones mediocres. Desde luego esa no era la solución de Dios. "Mira ahora los cielos, y cuenta las estrellas, si las puedes contar. [...] Así será tu descendencia" (Génesis 15:5). No la descendencia de tu esclavo. *Tu* descendencia.

Muchas veces lo que vemos alrededor no es lo que nos gustaría. Las cosas no encajan de la forma que esperábamos. Entonces empezamos a pensar en cómo podría solucionarse el asunto. Cuál podría ser la forma en que todo encajase. Pero por supuesto no conseguimos montar el puzle completo. Siempre nos quedan piezas superpuestas y espacios vacíos. Y Dios nos dice: No temas, Yo estoy aquí, Yo tengo el control absoluto y soy Yo quien se encarga de eso.

Nuestra tarea no es hacer que todo se resuelva de la forma en que nos gustaría o en la forma que vemos más posible. Nuestra tarea es confiar. Creer que Dios hará Su parte. Y mantenernos firmes. No hay nada más. La preocupación y el estrés están de más. Nada hay en nuestras manos. Pero todo está en las de Dios. Busca a Dios y encárgate de cumplir tu parte. Después espera en Él y deja que Él cumpla la suya.

La Biblia está llena de ejemplos en los que Dios hace imposibles y resuelve situaciones que por lógica humana no tienen solución o son demasiado complicadas. Sin embargo, si nos fijamos bien, veremos que en todos ellos es necesaria la fe de al menos una persona. Puedes revisar tus historias favoritas de la Biblia, yo te propongo algunas de las mías. Lee cada texto y escribe a continuación cuál fue la acción de fe realizada por una persona que dio lugar a que Dios obrara sus maravillas.

Éxodo 14:16, 21 y 22

2ª Reyes 4:2-5

2ª Reyes 5:10-14

Juan 2:6-10

Juan 21:4-6

¿Por qué crees que Dios pide fe antes de obrar en la vida de las personas?

Es cierto que Dios no nos necesita, y que tiene el poder para hacer lo que quiera y cuando quiera. Pero por alguna razón ha decidido que formemos parte de esto. Cosas grandes han ocurrido a lo largo de la historia cuando las personas que se han acercado a Dios lo han hecho con fe. Cosas grandes ocurrirán en la tuya si haces eso mismo.

Regresemos por último al texto de Hebreos 11. Lee los versículos 12 a 16.

¿En qué caso habría regresado Abram a su tierra de origen?

¿Por qué no lo hizo?

¿De qué no se avergüenza Dios?

¿Por qué?

> Y [Abram] creyó a Jehová, y le fue contado por justicia.
> (Génesis 15:6)

Pasaron algunos años antes de que Isaac, el hijo de Abram, nació, cuando Abram tenía 100 años. Y la carrera de la fe no terminó ahí, aún vinieron más obstáculos. Recuerda que mientras vivamos en este mundo la vida estará siempre teñida de dolor y sufrimiento. Pero eso no significa que tengamos que vivir una vida miserable. Abram creyó, y su descendencia recibió en efecto la tierra prometida.

En medio de tu noche. A pesar de cuán dura es tu situación. A pesar de cuán difícil es que todo se ponga en su lugar. A pesar del daño causado hasta el momento, o el que sabes que está por venir. Mira al cielo. Y si te es posible, cuenta las estrellas. Están por todos lados. Cientos y miles de ellas. Eso es lo que está por venir en tu vida. Pero recuerda, tienes que creerlo para que ocurra. Y llegará. Probablemente no cuando tú esperas que llegue o como esperas que lo haga. Pero llegará. Sólo ten fe.

Recuerda, tienes que creerlo para que ocurra.

Bajo esta lluvia

Nunca he sido muy dada a los propósitos de año nuevo, pero aquella vez, al aproximarse el cambio de año, hice una resolución: sería el año del cambio. Haría un plan de oración diario. Oraría por esa losa pesada que cargaba sobre mis hombros, y Dios haría el milagro. Dios haría de ella una carga ligera, fácil de transportar. Creía fehacientemente que era posible. Empecé a orar el 1 de enero. Cada día de la semana tenía una lista específica de temas de oración, todos ellos relacionados con mi losa pesada. Al poco tiempo, decidí agregar el ayuno a mi resolución. Ayuné el jueves de cada semana en intervalos de varios meses. Mientras, seguía orando a diario. Durante todo un año, supliqué, imploré, rogué a Dios por esa losa pesada que cargaba sobre mis hombros.

No ocurrió. El cambio que yo esperaba y por el que tanto insistía no llegó nunca. La solución perfecta, la respuesta a mis oraciones... nunca la vi. No del modo en que yo la había esperado.

Durante los primeros meses hubo silencio. Un profundo y desalentador silencio. Pero seguí firme en mi propósito. "Señor, yo sé que esto no es lo que quieres para mí. Sé que tienes algo diferente. Espero en Ti". Y esperé. Esperé y esperé. Seguí orando, seguí ayunando. Continué esperando en secreto, sin nunca contarle a nadie.

Después, la situación se hizo más complicada. De repente, y sin entender cómo o por qué, todo se había vuelto más difícil. La losa pesada se convirtió en insoportablemente pesada. "¿Qué está pasando, Señor? ¡Estoy orando por ello!" Y seguí orando. Seguí esforzándome por poner todo de mi parte para que la situación mejorara. El resultado era peor cada día. La situación más tensa. Por primera vez en años pedí ayuda. Alguien más tenía que ayudarme a orar. Dios puso a alguien cerca para que me acompañara. Sinceramente, creo que Dios quiso asegurarse de que yo tuviera a alguien a mi lado para lo que estaba a punto de venir, porque no pasaron muchas semanas hasta que, a finales del mes de diciembre de ese mismo año, mi losa pesada cayó en el mar profundo. Y empezó a hundirse. Y yo pegada a ella.

Pasé la noche del 31 de diciembre sola, llorando en un avión de un vuelo medio improvisado, pensando en cómo el resto de mi vida estaba a punto de dar un giro drástico. No, no estaba dispuesta a que el plan se arruinase. Y Dios tenía que estar de mi parte. Al fin y al cabo, Él quería lo mejor para mí. Prometí a Dios que lucharía por lo que sabía que a Él le agradaba. Me comprometí a poner todo de mi parte y a esforzarme hasta el final. Sabía que sería muy difícil, pero estaba dispuesta a ello.

Y lo hice. Durante meses luché contra la gravedad intentando evitar que la losa pesada siguiera hundiéndose. Tiré de ella. Traté de detenerla. Empleé toda mi fuerza. Pero todos mis esfuerzos no parecían tener ningún efecto. ¿Por qué? Se suponía que era la voluntad de Dios. Y había orado por ello tantísimo. Me había esforzado al máximo. Creo que fue ahí donde por fin entendí que no tengo el control. Sobre absolutamente nada.

La losa pesada era irrecuperable. Lo había intentado. Había hecho todo cuanto estaba en mis manos. Pero definitivamente no había sido capaz. Había fracasado. ¿Podía uno fracasar después de orar en la voluntad de Dios durante un año y medio? Definitivamente no entendía nada. ¿Qué había hecho mal?, ¿cómo se suponía que debía haberlo hecho? Ahora ya daba igual... todo estaba perdido.

Observé la losa pesada yaciendo sobre la superficie del fondo del mar. Fuera de mis hombros parecía diferente. Finalmente la abandoné por fin. Frustrada. Decepcionada. Fracasada. Avergonzada. Me alejé de ella lentamente. Poco a poco. Nadé a la superficie. Llegué a una playa desconocida y solitaria. Sin mi losa pesada. Me sentía rara. Me faltaba algo. No estaba ya sobre mis hombros.

Y aquí comienza otra historia. Una historia nueva. No es la historia por la que oré tanto tiempo. No es la historia que yo habría elegido. Pero es mi historia.

Quiero que entiendas que en el momento en que escribo estas líneas aún no tengo claro hacia dónde se dirigen mis pasos. Pero en lo que llevo andado hasta ahora, me he dado cuenta de que Dios puede utilizar cualquier situación. Por sucia y catastrófica que parezca. Cualquier situación. Aunque a nuestros ojos sea un desastre absoluto y no parezca haber solución posible. Dios puede utilizarla, y convertirla en un remanso de paz, un lugar de absoluta bendición.

Dios premia la fidelidad de los suyos, y al final eso es lo único que prevalece. No son las circunstancias las que deciden nuestro final, a pesar de que muchas veces así lo creemos. No son tampoco las personas que pensamos que tienen el control. Es Dios el único que tiene el control. Es cierto que las personas tomamos decisiones y desencadenamos consecuencias. Pero, incluso esas consecuencias negativas y dañinas pueden tornarse en un instrumento de Dios a nuestro favor, si es verdad que nuestros ojos están fijos en Cristo y que estamos corriendo como debemos la carrera de la fe.

Nunca oré por perder mi losa pesada. No es lo que hubiera elegido, y llevaré marcas en mis hombros por el resto de mis días. Tampoco creo que era la voluntad de Dios que la soltara. Pero, aunque yo no esperaba en absoluto cómo se desencadenaron los hechos, a Dios nada le pilló desprevenido. Él, que tiene el control absoluto, puede utilizar cualquier situación para el bien de los que le buscan.

Me he dado cuenta de que la vida después de perder mi losa pesada es mucho mejor de lo que yo había planeado. Y eso que aún estoy aprendiendo a caminar y guardar el equilibrio al avanzar sin ella.

A pesar del dolor y el sufrimiento que causaron esos meses nadando en las profundidades del mar junto a mi losa, Dios hizo que un proceso traumático se convirtiera en una experiencia que me acercó mucho más a Dios y me enseñó lo que de verdad importa en la vida. Durante estos meses, he comprendido lo que significa sentir paz en medio del absoluto caos, cuando parece que la paz no tiene ningún sentido. He experimentado el gozo en medio de situaciones devastadoras y de un dolor indescriptible. He presenciado cómo Dios provee en medio de la necesidad. He experimentado el amor de Dios a través de otras personas de formas que jamás hubiera imaginado. Y sé que todo esto, aunque suponen enormes aprendizajes y experiencias en mi vida, son solo una pequeñísima parte de lo que aún está por llegar.

El camino sigue. No sé qué traerá el futuro. La incertidumbre caracteriza prácticamente todas las áreas de mi vida en estos momentos. Como describe David en el Salmo 119:105, Su Palabra alumbra cada paso que doy. Sólo mis pies y el pequeño espacio que debo pisar. No veo más allá. Lo demás permanece completamente a oscuras. Pero nada más es necesario. Sólo necesito avanzar en la luz. Y sé que, si me mantengo en ella, llegaré a un lugar en el que el esfuerzo habrá merecido la pena.

Semana 3.
¡Señor, obra en mi interior!

Día 1. Cuando las circunstancias nos superan

A lo largo de mi vida, he estado próxima a un buen número de personas que atravesaban momentos difíciles. Algunas de ellas han pasado por verdaderas tormentas. A veces es difícil para nosotros entender por lo que están pasando porque nunca nos hemos visto en su situación. O incluso, aunque hayamos experimentado algo similar, es cierto también que no todos somos iguales ni nos afectan de la misma forma las mismas situaciones, y lo que para uno es relativamente superable, para otro puede ser terriblemente abrumador. En esos momentos, es habitual que queramos animar y mostrar nuestro apoyo de la forma que entendemos mejor, pero no siempre ofrecemos los mensajes más apropiados. Me confieso culpable de ello. Cuán difícil es dar un mensaje acertado cuando no tenemos la experiencia y somos incapaces de sentir el dolor que sufre aquel a quien amamos. O cuán fácil es infravalorar el nivel de dificultad por el que está pasando la otra persona porque no tenemos en cuenta sus fuerzas o sus recursos, sino las nuestras o las de otros que han pasado por situaciones que creemos similares.

Pero también he experimentado el caso opuesto, recibiendo mensajes que me han hecho sentir no entendida y sola, a pesar de haber sido expresados con las mejores intenciones. En ciertas ocasiones, en algunos de los momentos más difíciles de mi vida, algunas personas han tratado de animarme diciéndome eso de "Dios no te dejará pasar por algo que no puedas soportar". Muchas veces me he preguntado cuánto de cierto habría en ello. A veces me he sentido sobrepasada, agotada y extenuada. Sin fuerzas. Completamente abatida. He pasado por momentos que superaban con creces mis fuerzas, momentos a los que no podía hacer frente, momentos mucho más grandes que yo. Definitivamente se trataba de una situación que yo no podía soportar, para la que mis fuerzas no eran suficientes. Soy consciente, además, de que hay personas que viven situaciones mucho más difíciles que las que yo he vivido, algunas incluso para las que me cuesta entender que alguien sea lo suficientemente fuerte para hacerles frente. Veo también algunos ejemplos en la Biblia que describen personas que se desmoronan ante situaciones para las que sus propias fuerzas no son suficientes. Entonces, ¿qué hay de eso de "Dios no te dejará pasar por algo que no puedas soportar"?

Entiendo que esta afirmación viene del texto de 1ª a los Corintios 10:13. Veamos lo que dice la Escritura:

> No os ha sobrevenido ninguna tentación que no sea humana; pero fiel es Dios, que no os dejará ser tentados más de lo que podéis resistir, sino que dará también juntamente con la tentación la salida, para que podáis soportar. (1ª Corintios 10:13)

¿Qué es lo que no permitirá Dios?

¿Está hablando de ser tentados o de sufrir?

Subraya en el versículo las palabras *ser tentados*.

Puede ser que si buscas ese texto en tu Biblia te encuentres con una palabra diferente. Algunas traducciones emplean la palabra "prueba" o "dificultad", lo que daría sentido a esa frase que me han dicho tantas veces. Por esta vez, me gustaría que acudiéramos al texto original. Creo que el sentido original del texto no se refiere a que Dios no nos dejará *sufrir* más de lo que podamos soportar. Creo que se refiere a que no nos dejará *ser tentados* más de lo que podamos soportar. Son dos cosas muy diferentes que quiero que tengamos muy claras en el día de hoy. En el original se utiliza la palabra griega *peirazō*, que significa ser tentado. La misma palabra es utilizada en el texto de Santiago 1:13.

> Cuando alguno es tentado, no diga que es tentado de parte de Dios; porque Dios no puede ser tentado por el mal, ni él tienta a nadie. (Santiago 1:13)

Dios no tienta a nadie. Él nunca usa la tentación como una herramienta. Pero sí nos protege de ella. Pone un muro alrededor de nosotros que limita su efecto según lo que cada uno puede soportar.

Busca y lee cada uno de los siguientes versículos y contesta a la pregunta a continuación:

1ª Tesalonicenses 3:5   1ª Corintios 7:5   Lucas 4:2
1ª Pedro 5:8   Apocalipsis 2:10

¿Quién sí utiliza la tentación como herramienta?

Un ejemplo claro lo veíamos la semana pasada en el caso de Job (Job 2:1-6). Satanás merodea por la tierra buscando a quien tentar. Pero Dios tiene el control. Él pone los límites. Conoce bien a su siervo Job, sabe hasta dónde puede soportar, y no dejará que Satanás atraviese la línea que Dios ha marcado. Satanás no puede hacerlo.

Pero no todas las dificultades que atravesamos son tentaciones. Muchas de nuestras circunstancias difíciles de hecho no lo son. Aunque, en la inmensa mayoría de ellas, Satanás querrá aprovecharse de nuestros momentos de debilidad para añadir al sufrimiento también tentación. Ya hablamos de esto hace apenas unos días.

En mi opinión, las circunstancias difíciles de nuestra vida sí pueden sobrepasarnos. De hecho, muchas veces lo hacen. Conozco algunas personas que han pasado situaciones terribles una tras otra durante una buena parte de su vida. Estoy convencida de que se han sentido sobrepasadas. Si sientes que no puedes más, que tu situación es más fuerte que tú, tus sentimientos son seguramente muy entendibles por lo que estás pasando.

> No todas las dificultades que atravesamos son tentaciones. Aunque, Satanás querrá aprovecharse de nuestras dificultades para tentarnos.

Dios no promete que, como cristianos, estemos exentos del sufrimiento. De hecho, al contrario, nos asegura que en este mundo tendremos aflicción (Juan 16:33). Créeme, algunas veces esa aflicción puede llegar a ser superior a nuestras fuerzas. Pero Dios tampoco nos abandona en medio de nuestro dolor. Encontramos en la Biblia muchas promesas de lo que Dios nos proporciona en medio de los momentos de dificultad. Puedes ver algunas de ellas a continuación, lee cada uno de estos versículos y escribe lo que Dios promete para los suyos.

Nahúm 1:7

Salmo 138:7

Salmo 121:1 y 2

1ª Pedro 5:7

2ª Corintios 1:3 y 4

Filipenses 4:6 y 7

Isaías 40:29-31

Salmo 18:1 y 2

Habacuc 3:19

Isaías 41:10

Salmo 46:1-3

Mateo 11:28-30

Josué 1:9

Salmo 73:26

1º Crónicas 16:11

Salmo 59:16

Las situaciones difíciles que enfrentamos en nuestra vida no se llaman tentaciones (aunque en muchas de ellas nos encontremos también con tentaciones). Estas situaciones se llaman pruebas y pueden ser muy destructivas si nos abandonamos a ellas. Pero si nos aferramos a Dios y nos nutrimos de su consuelo y su fuerza, pueden volverse enormemente beneficiosas para nuestra vida, porque Dios las usa para hacernos crecer y fortalecernos espiritualmente.

Abre tu Biblia en Santiago 1:2-4. Lee el texto y contesta a esta pregunta:

¿Por qué considera Santiago que deberíamos sentirnos dichosos cuando estamos en medio de una prueba?

> Las pruebas son oportunidades de crecimiento.

Las pruebas son oportunidades de crecimiento. Por lo general no nos gusta sufrir, y eso creo que lo entendemos todos. Pero seguramente a todos nos gustaría que nuestra fe fuera más fuerte y que nuestras vidas estuvieran más cerca de Dios. Pues bien, enhorabuena, porque esta situación agonizante que vives en este momento puede llevarte a ello.

En realidad, la decisión es tuya. Es muy probable que te sientas perdida, que no sepas qué hacer y que te encuentres totalmente desalentada. Tal vez lo mejor que se te ocurre en este momento sea pasar el día llorando sin querer ver ni hablar con nadie. Y te entiendo perfectamente. Es importante que prestes atención a tus emociones y que dejes que se expresen. Llora y tírate al suelo si lo necesitas. Yo también lo he hecho. Pero no te quedes ahí. Considera lo siguiente: si es cierto que tu situación está fuera de tu control, si te sobrepasa y no tienes las fuerzas para seguir adelante, entonces te sugiero dos cosas:

1. Busca nuevas fuerzas allí donde las hay. Y creo que ya hemos dejado claro donde puedes encontrar refugio y descanso.
2. Aprovéchate de tu situación. No te digo que la disfrutes, yo sé que eso es inconcebible. Pero sí, ya que de todas formas estás en medio de ella, al menos que cuando acabe, haya servido para algo más que para tener una dolorosa historia que contar.

Pablo, uno de los ejemplos más fuertes en la Biblia, tenía también una difícil circunstancia con la que convivir. No sabemos exactamente qué era, pero sabemos que estaba fuera de su control. Sabemos también que Dios quiso que la mantuviera para que su poder fuera perfeccionado en la debilidad de Pablo (2ª Corintios 12:7-10). Pablo podría haberse abrumado y derrumbado ante dicha dificultad. Podría haber pasado los días lamentándose de su situación y esperado un cambio que tal vez nunca llegaría. Sin embargo, decidió refugiarse en Dios, llenarse de Su gracia y recibir las fuerzas necesarias para continuar adelante en medio de su aflicción.

Según 2ª a los Corintios 12:10, ¿cuál fue para Pablo la consecuencia de dicha actitud?

Sí, es posible que vengan momentos difíciles en tu vida, y puede incluso que vengan momentos para los que no dispongas de las fuerzas necesarias para hacerles frente. Es posible que muchos de estos momentos sean consecuencia del pecado, tal vez propio, o tal vez de otros. Y es posible que no haya ninguna manera en que podamos evitarlos. Pero también es cierto que no necesitamos enfrentarnos a ellos únicamente con nuestras fuerzas insuficientes. Podemos usar fuerzas ajenas. Podemos acudir a Dios y pedir fuerza y ayuda para soportar. Y sus fuerzas siempre serán más de lo que necesitamos. Amiga, cuando eres débil, cuando tus propias fuerzas no son suficientes para resistir lo que tienes alrededor, entonces es el momento de utilizar las fuerzas que Dios provee. Porque cuando eres débil, entonces eres fuerte.

> Las fuerzas de Dios siempre serán más de lo que necesitamos.

Día 2. Fuerza en la debilidad

Cuando las circunstancias son difíciles, a veces, mantenerse firme en Dios no es precisamente lo más fácil. Como veíamos la semana pasada, nuestras emociones pueden jugarnos una mala pasada. Emociones como el rencor y la ira pueden tomar el control de nuestras acciones, palabras, e incluso a veces, nuestros pensamientos. La preocupación y el miedo tienen también el poder de hacernos tomar decisiones que no son las más adecuadas. Pero estamos llamadas a mantenernos firmes, y Dios ha prometido que está a nuestro lado y nos proporciona refugio (Salmos 34:22; 118:8; Nahúm 1:7; Proverbios 30:5).

Si, como yo, alguna vez has experimentado estas emociones intensas y la dificultad de ejercer algún tipo de control sobre ellas, seguramente sabes cuán difícil es en esos momentos tomar una decisión sabia. Te sugiero no dejar la decisión para ese momento. Mi experiencia me ha enseñado que la mejor opción es tomar la decisión antes de llegar a esa situación, para que, una vez en ella, sólo tengamos que ejecutarla. De ese modo, estaremos evitando tomar una decisión errónea. Sé que parece un poco extraño, pero si tomas ahora la decisión de no dejarte llevar por la intensidad de las emociones y te preparas para ello, será más fácil reconocer el momento cuando llegue y recordar cuál es la mejor acción a realizar. Haz ahora la decisión de no dejarte dominar por la dureza de tus circunstancias. Decide tomar refugio en el Señor. Decide ahora que, la próxima vez que te sientas alterada y llena de ira, cerrarás tu boca para no decir lo que no debes y le pedirás a Dios que te ayude a evitar reaccionar. Decide que cuando vuelvas a sentirte completamente perdida, te pondrás a adorar a Dios. Decide que la próxima vez que te invada el miedo, la preocupación o la ira, detendrás lo que estás haciendo y orarás. Escoge hoy que la próxima vez que no sepas qué hacer, abrirás tu Biblia y empezarás a leer. Es más fácil tomar una decisión sabia ahora. Así que decide ahora y estate preparada para llevarlo a cabo cuando llegue el momento.

Es muy difícil tomar decisiones sabias en momentos de intensa emoción. Lo mejor es tomarlas antes de de que lleguen.

¿Eres capaz de prever alguna de estas situaciones que es posible que venga? ¿Qué crees que podrías hacer en ese momento?

¿Sabes qué ocurrirá cuando respondas de esa manera que te has propuesto? Lee Isaías 26:3 y responde tú misma.

Es posible hallar la paz en medio de la angustia. Y no cualquier paz, *completa* paz. Cuando tus pensamientos están enfocados en Dios más que en tu propio problema, Dios te inunda de paz.

Pero déjame advertirte algo: al enemigo no le gustará tu paz, y hará todo lo posible por arrebatártela. Así que estate preparada para continuar adorando, orando y leyendo la Palabra.

Vamos a recordar una conocida historia del Antiguo Testamento. Tres amigos, Ananías, Misael y Azarías (conocidos en Babilonia como Sadrac, Mesac y Abed-nego), decidieron mantenerse firmes en medio de unas circunstancias que hacían mucho más fácil no hacerlo (Daniel 3:8-13). En el texto bíblico vemos claramente cómo los tres amigos deciden mantenerse firmes, y así lo declaran al rey abierta y decididamente. Lee su respuesta en Daniel 3:16-18.

¿Qué emociones percibes en los tres amigos?, ¿angustia, miedo, inseguridad…?

Evidentemente, el rey Nabucodonosor no se queda conforme con esa respuesta y actitud. Esto provoca una reacción en él. ¿Qué tres cambios describe el versículo 19 como consecuencia de la decisión de mantenerse firme de los tres amigos?

La situación se vuelve más dura. El enemigo se vuelve más cruel. El dolor continuará, más fuerte si cabe. Es posible que después de que hayas decidido mantenerte firme, tu horno sea calentado siete veces más. Vendrán nuevos inconvenientes, imprevistos, dificultades. Pero recuerda que has decidido refugiarte en Dios, y ten por seguro que Él no va a dejarte sola. Verás el mundo a tu alrededor caerse en pedazos, es posible que las personas que hay en tu vida te fallen, incluso aquellas que nunca pensaste que lo harían. Pero Dios siempre será fiel a sus promesas: "No temas, porque yo te redimí; te puse nombre, mío eres tú. Cuando pases por las aguas, yo estaré contigo; y si por los ríos, no te anegarán. Cuando pases por el

> Es posible que después de que hayas decidido mantenerte firme, tu horno sea calentado siete veces más.

fuego, no te quemarás, ni la llama arderá en ti" (Isaías 43:1 y 2).

Precisamente eso fue lo que ocurrió con Ananías, Misael y Azarías. Después de que el rey diera la orden, los tres amigos fueron atados y arrojados al horno de fuego. El horno estaba tan caliente que los encargados de arrojarlos a las llamas murieron inmediatamente. Pero no ocurrió lo mismo con Ananías, Misael y Azarías (Daniel 3:20-23).

Lee los versículos 24 y 25 de Daniel 3. ¿Qué fue lo que dejó perplejo al rey?

El rey, maravillado, pidió a los amigos que salieran del horno de fuego. Muchos otros gobernantes y personal de confianza del rey se acercaron a comprobar qué estaba ocurriendo. Escribe a continuación los cuatro aspectos impresionantes que observaron según el versículo 27.

Cuando el enemigo haga calentar siete veces más fuerte tu horno, es cierto que esto bien pudiera significar tu fin. Pero recuerda que esto puede, en cambio, significar que el poder de Dios se manifieste de una forma más grande en tu vida. Sólo debes mantenerte firme y adorar, orar y leer Su Palabra en lugar de preocuparte y dejar que tus emociones tomen el control. Será difícil, pero está completamente dentro de tus posibilidades. Recuerda que es Dios quien te da las fuerzas.

¿De qué forma crees que haber tomado una decisión al respecto de antemano puede ayudarte?

Para terminar, fijémonos en cómo acaba la historia. En primer lugar, el rey Nabucodonosor bendijo el nombre de Dios y cambió el edicto para que no se cometiera blasfemia contra Dios (Daniel 3:28-29). Cuando permitimos que Dios obre en y a través de nuestras circunstancias, esto es de testimonio para aquellos que están alrededor nuestro y Dios es glorificado a través de nuestras vidas.

> Cuando permitimos que Dios obre en y a través de nuestras circunstancias, Dios es glorificado en nuestras vidas.

Pero, además, Sadrac, Mesac y Abed-nego recibieron el beneficio del rey. Lo que antes era odio se convirtió en admiración. Lo que antes era una complicada vida en el exilio se volvió una situación mucho más gratificante y llevadera. Dios tiene grandes cosas para tu vida, y llegarán a su tiempo. Pero antes tienes que confiar plenamente en Él y experimentar su paz completa.

Cuando Sadrac, Mesac y Abed-nego salieron del horno de fuego, uno de los aspectos que más sorprendieron a los que estaban presentes es que ni siquiera olían a humo. Con Dios, es posible pasar por las situaciones más apestosas posible, y no impregnarnos con el olor desagradable. Más aún, es posible que, después de haber estado en medio de las llamas, nuestro olor sea agradable. En Efesios 5:1 y 2 se nos insta a imitar a Cristo entregando nuestras vidas como un sacrificio de olor fragante a Dios. Estoy segura de que los cuerpos que Sadrac, Mesac y Abed-nego habían decidido sacrificar por amor a Dios desprendieron un olor a su salida del horno que Dios percibió no sólo libre de humo, sino grato y agradable a Él.

> Con Dios, es posible pasar por las situaciones más apestosas posible, y que nuestro olor sea agradable.

En medio de las circunstancias difíciles de tu vida, mantente firme, incluso sabiendo que haciéndolo la situación puede volverse siete veces más difícil. Prepárate para lo peor, no olvidando en ningún momento que lo mejor está por venir. Al final del camino, sea en esta vida o en la venidera, recibirás tu recompensa. Decide mantenerte fiel y que Dios sea glorificado en medio de tus circunstancias.

Día 3. El poder transformador de la oración

Hoy nos adentraremos en uno de los salmos escritos por David. El Salmo 64 expresa un vívido anhelo de protección de Dios. No sabemos con certeza las causas que llevaron a David a escribirlo, pero podemos ver en él un profundo temor debido a las conspiraciones de un grupo de enemigos. Lee con atención el Salmo 64 completo.

Podemos diferenciar de forma muy clara varias partes como componentes de este Salmo. Siguiendo las divisiones de la siguiente tabla, lee los versículos correspondientes y escribe una pequeña frase a modo de título o resumen del contenido de cada fragmento.

Versículos	Título/ resumen
1 y 2	
3 a 6	
7 y 8	
9 y 10	

Como habrás notado, la parte principal y más extensa del salmo es la destinada a exponer la causa del temor de David. Las amenazas y la conspiración que sus enemigos tienden contra David de forma injusta y calumniadora. Pero inmediatamente después, David expone unas palabras de esperanza: su confianza en Dios. Fíjate en esta tercera parte del texto (vv. 7 y 8), y, si acostumbras a marcar en tu Biblia, subraya en ella las palabras *saeta, de repente, lenguas, los que los vean* (estoy usando palabras de la versión RVR1960, pero puedes buscar las equivalentes en la versión que estás usando).

A continuación, busca esas mismas palabras en el fragmento anterior (vv. 3-6) y analiza qué tienen en común o en qué se diferencian en cada parte. Haz tus anotaciones en el siguiente cuadro:

	vv. 3-6	vv. 7 y 8
saeta		
de repente		
lengua		
los que ven		

Si has hecho el ejercicio anterior, habrás observado que las herramientas que utilizaban, o en las que confiaban los enemigos de David, son las mismas en las que David confiaba para su propia destrucción. David sabe que no hay arma o estrategia que Dios no pueda detener, y más aún, utilizar en Su propio beneficio. Las mismas saetas que se estaban lanzando contra David, serían las saetas que, en dirección contraria, le liberarían de sus enemigos. David ya era plenamente consciente de algo que Pablo nos dejó escrito varios años después: "Y sabemos que a los que aman a Dios, todas las cosas les ayudan a bien, esto es, a los que conforme a su propósito son llamados" (Romanos 8:28). No importa qué flechas se están lanzando en contra tuya. No importa qué palabras dañinas tienes que escuchar. No importa qué trampas o injusticias tienes aún que soportar. Dios es poderoso para convertir todo eso en tu propio bien si eres uno de los Suyos. Porque no hay nada, absolutamente nada, que pueda hacer menguar su amor hacia tu persona (Romanos 8:28-39).

> No hay arma o estrategia que Dios no pueda detener, y más aún, utilizar en Su propio beneficio.

Busca en tu Biblia Isaías 54:17 y escribe su significado con tus propias palabras.

He dejado para el final la primera y última partes del Salmo 64 porque, al igual que las que ya hemos visto, tienen mucho en común. Revisa los títulos que escribiste en la primera tabla el día de hoy. Es posible que lo que escribiste no esté muy relacionado, pero al menos, es posible que, en alguno de ellos, o en ambos, hayas mencionado algún aspecto de la relación entre el hombre y Dios. En la primera parte, David hace una petición de ayuda y protección a Dios. En la última se menciona la búsqueda y reconocimiento de Dios por parte de los suyos.

A veces lamento enormemente no poder leer la Biblia en el idioma original en el que fue escrito. Estoy agradecida por el tesoro de tener la Palabra de Dios en mi propio idioma de forma que sea completamente comprensible para mí. Sin embargo, hay tanta riqueza en sus palabras que quisiera absorber cada pequeño detalle escrito por su autor. Esta es una de esas ocasiones.

Si pudiéramos leer este salmo en hebreo, notaríamos cómo el primer y el último versículo comienzan casi con la misma palabra. David emplea *shama'* (escuchar) para iniciar el versículo primero y *samach* (regocijarse) para el décimo. Ambas palabras tienen en hebreo una pronunciación muy similar. Creo que David quiere con ello establecer algún tipo de relación entre ambas palabras.

David expone a Dios su oración en el versículo 1, y le pide que le escuche. La palabra hebrea *shama'* que utiliza va más allá de un mero oír. Implica una escucha intencional con interés genuino y con predisposición a la acción. David no sólo quiere desahogarse y sacar de sí su miedo y su preocupación. David implora por ayuda y el beneficio de Dios. Podemos estar seguros de que Dios le escucha, porque Sus oídos están atentos a las oraciones de los justos (Salmo 34:15). Creo que precisamente por eso David es inundado de esperanza mientras está volcando ante Dios sus miedos y finaliza la exposición de la perversidad de sus enemigos con esas palabras de esperanza y absoluta confianza en Dios que ya hemos analizado (vv. 7 y 8) y que sólo Dios puede proveer. ¡Qué maravillosa herramienta la oración, capaz de trasformar nuestros miedos en auténtica esperanza!

¿Alguna vez has acudido a Dios preocupada y llena de temores y, mientras hablabas con Él, ha puesto esperanza en tu corazón? Dedica unos momentos a recordar y escribir una experiencia al respecto. Medita en cómo la forma de escuchar de Dios no es un mero oír, sino una escucha activa, a través de la que Él obra en nuestro interior:

¿Cuáles crees que son algunas de las características de la forma en la que Dios nos escucha?

[ ]

Pero eso no es todo. Esa misma acción de escuchar (*shama'*) está íntimamente relacionada con regocijarnos (*samach*). Dios *shama'*, y el justo *samach*. Dios escucha, y el justo se regocija. Como si fuera parte de la misma acción, pero en sujetos diferentes. No importa la situación ni las circunstancias. Nuestra alegría humana está sujeta a las condiciones y circunstancias que nos rodean, pero el gozo que proporciona Dios es completamente ajeno a todo esto. Depende exclusivamente de Dios y podemos experimentarlo en función de nuestra disposición para recibirlo. A pesar de la dureza de la situación que experimentas, en medio de la tormenta más devastadora, el gozo puede ser una realidad en tu vida, porque Dios escucha tu clamor. ¡Regocíjate en Él!

> Nuestra alegría humana está sujeta a las condiciones y circunstancias que nos rodean, pero el gozo que proporciona Dios es completamente ajeno a todo esto.

La esperanza, el gozo y la paz son tres términos muy cercanos entre sí. Los tres tienen mucho que ver con Dios y la forma en la que Él escucha. Busca en tu Biblia Romanos 15:13 y completa las palabras que faltan en este texto:

"Y el Dios de _____ os llene de todo _____ y _____ en el creer, para que abundéis en _____ por el poder del Espíritu Santo."

En medio de tu dificultad, clama al Dios de la esperanza, y ten la absoluta seguridad de que Él te escucha. A través de Su escucha, Él estará poniendo en ti gozo, paz y esperanza de una forma que la mente humana no puede comprender.

Día 4. Una lección de gozo de la mano de Pablo

Si hablamos de gozo en medio de la tribulación, tenemos que hablar necesariamente de Pablo. Pablo enfrentó un sinfín de dificultades a lo largo de su ministerio (puedes ver una lista bastante resumida de ellas en 2ª Corintios 11:23-28). Sin embargo, a lo largo de sus numerosas cartas no encontramos reproches o pesar en sus experiencias. Al contrario, podríamos detectar cierto agradecimiento por permitírsele "disfrutar" de dichas experiencias. Pablo afirma haber aprendido a contentarse, cualquiera que sea su situación (Filipenses 4:11). La razón que da para ello es un conocido versículo que a veces utilizamos erróneamente fuera de contexto. "Todo lo puedo en Cristo que me fortalece" (Filipenses 4:13). Analicemos en detalle a qué se refiere Pablo con estas palabras y qué relación tienen con el gozarse en la tribulación. Comienza leyendo Filipenses 4:11-13. Haz una lista de las diferentes situaciones que menciona Pablo en el texto y escríbela a continuación.

Analiza cuidadosamente tu lista. Algunas de estas situaciones suponen cierta dificultad y agotan nuestras propias fuerzas. Subraya aquellas que consideres que consumirían tus fuerzas si se prolongasen por cierta cantidad de tiempo.

¿De dónde dice Pablo que obtiene la fortaleza para poder vivir esas circunstancias (v. 13)?

A lo que Pablo se refiere con la fortaleza recibida de Cristo es que puede no conseguir un trabajo que le permita vivir holgadamente, sino contentarse y sobrellevar la situación con uno que apenas le da para pagar la renta a fin de mes. No el poder para vencer una enfermedad, sino para vivir con ella con una actitud adecuada. No pasar una situación complicada lo antes posible, sino la fuerza para sobrellevarla mientras dura. Veamos un ejemplo de esto mismo en la vida de Pablo.

Vamos a comenzar leyendo en Hechos 16:22-24. Donde se nos narra cómo el pueblo se agolpa contra Pablo y Silas después de que liberaran a una muchacha de un espíritu de adivinación.

Varias acciones se suceden en el texto, cada cual más violenta que la anterior. Primero les rasgan las ropas, dejándoles medio desnudos, les azotan violentamente y les encarcelan. En una situación lamentable, ensangrentados y adoloridos, el carcelero, con bastante poca compasión, les encierra en el calabozo de más adentro. El calabozo de más adentro era el más seguro, pero probablemente también el menos cómodo. Este sería el habitáculo peor iluminado y con menos ventilación de la cárcel. Seguramente tendría un olor poco agradable, humedad y posiblemente algún animalillo viviendo en él. Por si eso fuera poco, les aseguró los pies en el cepo. Los cepos no eran únicamente un instrumento de alta seguridad, sino también un método de tortura. Los cepos eran dañinos e impedían moverse y adoptar una postura cómoda, lo que sumado al estado físico después de "haberles azotado mucho", no parece que fuera una situación agradable para Pablo y Silas.

¿Cómo crees que Pablo y Silas se sentían en ese momento? ¿Cuáles serían sus emociones?

Lee a continuación el versículo 25.

Tenemos la suerte de contar con una importante cantidad de escritos del propio Pablo, así que dejemos que sea él mismo quien nos explique cómo pudo responder cantando himnos ante una situación tan devastadora.

Busca primero 2ª a los Corintios 6:5-10.

En el texto, Pablo comienza listando primeramente una serie de afrentas que, a continuación, se mezclan misteriosamente con virtudes divinas y después se convierten en opuestos. Fíjate en los últimos siete grupos de palabras (vv. 8b-10), aquellos que tienen la estructura "*como…, pero…*". Copia las palabras correspondientes en la siguiente tabla:

Como...	pero...

La primera columna debería describir muy bien cómo Pablo y Silas deberían sentirse en la situación descrita en el texto que hemos leído en Hechos 16, sin embargo, es en realidad la segunda columna la que lo hace. Sigamos analizando a qué se refiere este cambio. La respuesta la encontraremos en dos palabras que Pablo escribe en este versículo:

> Estoy lleno de consuelo y sobreabundo de gozo en medio de todas nuestras tribulaciones. (2ª Corintios 7:4b, RVR1995)

¿Puedes adivinar a qué dos palabras me refiero?

	y	

Rodea con un círculo las palabras *consuelo* y *gozo* en el versículo anterior.

¿Cómo crees que Pablo y Silas encontraron consuelo y gozo en una situación como la que experimentaron?

Es muy posible que hayas leído anteriormente otro de los versículos de Pablo al respecto: "Regocijaos en el Señor siempre. Otra vez digo: ¡Regocijaos!" (Filipenses 4:4). Durante mucho tiempo, estas palabras han sido para mí difíciles de entender, y mucho más de experimentar. ¿Cómo puedo regocijarme cuando parece que tengo muchos más motivos para lo contrario? Pero si seguimos leyendo, Pablo lo explica muy claro unos versículos más adelante. Lee Filipenses 4:6 y 7.

> Ante cualquier principio de angustia, nuestra respuesta debería ser la oración.

Ante cualquier principio de angustia, nuestra respuesta no debería ser la preocupación, el miedo o la ira; sino la oración. Y, además, la oración con acción de gracias, aunque la mayoría de nosotros no tenemos la humildad necesaria para agradecer en todo momento. Pero si lo hacemos, como consecuencia, y de forma incomprensible, seremos inundados con paz. Coloca las palabras angustia, oración y paz en el gráfico a continuación. Cuida de hacerlo en el orden correcto.

Una vez que hemos recibido la paz y el consuelo de Dios, la adoración fluirá por sí sola. Fíjate en 2ª Corintios 1:3-5. Pablo bendice a Dios por el consuelo recibido de Él. No ha de extrañarnos ahora encontrar a Pablo y Silas cantando himnos después de haber orado en el calabozo de más adentro. En medio de su dolor físico y emocional, Dios les brindó el consuelo y la paz que los llevó a una sincera adoración.

Profundicemos ahora en el versículo 5 de 2ª a los Corintios 1. Cuando abundan las aflicciones, abunda el consuelo. No podemos esperar ser consolados cuando no necesitamos consuelo. Es posible experimentar el consuelo de Dios, pero no lo experimentaremos si no sufrimos aflicciones, y tampoco, si no buscamos de Él cuando padecemos.

> Por lo cual, por amor a Cristo me gozo en las debilidades, en afrentas, en necesidades, en persecuciones, en angustias; porque cuando soy débil, entonces soy fuerte. (2ª Corintios 12:10)

¡Qué gran dicha la de recibir la fuerza de Dios! ¡Qué gozo el de ser consolados por el *Padre de consolación*! ¡Cómo anhelo que Él me acune en la palma de su mano! Pero para ello, primero tengo que ser débil, primero tengo que padecer de tribulación. Porque *cuando soy débil, entonces soy fuerte.*

Día 5. Paz que sobrepasa todo entendimiento

Mientras escribo estas líneas tengo ante mí un acuario bien iluminado lleno de algas con una docena de pececillos de diferentes formas, colores y tamaños dando vueltas en su interior. Me gusta observar sus movimientos sin rumbo fijo, sin propósito, sin nada que los mueva más allá de sus instintos. El agua de la pecera necesitará en breve algo de limpieza, y poco a poco se acerca la hora de que su dueño introduzca alimento en el habitáculo. Pero dudo mucho que los peces estén pensando en ello en estos momentos, mientras deambulan entre las algas y las rocas decorativas. La preocupación no existe para ellos. En algún momento el agua estará limpia. En algún momento se toparán con algo de alimento y lo ingerirán. No hay más al respecto.

Los momentos difíciles de la vida están normalmente marcados por la preocupación. Siempre que algo se tambalea en el presente, el futuro se vuelve objeto de preocupación. Cuando el agua a nuestro alrededor no parece tan clara, o se acerca la hora de comer y no hay indicios de alimento, saltan nuestras alarmas. La urgencia y la presión de tomar una decisión al respecto hacen subir nuestros niveles de ansiedad. Sin embargo, lo que Dios espera de nosotros es que hagamos como esos pececillos. Que nos movamos consumiendo esa energía que aún queda en nosotros sin pensar cuánto faltará aún para reponerla. Que absorbamos el oxígeno que aún queda en el agua a pesar de no estar ya tan limpia. Se llama confianza, y no, no parece tan fácil para los humanos como para los peces.

Ya hemos mencionado anteriormente uno de los sermones más conocidos de Jesús: el llamado Sermón del monte. En él, Jesús animó a la gran multitud que lo escuchaba a considerar las flores, las hierbas, los pajarillos, y cómo Dios cuida de ellos en primera persona. Después les dijo: ¿No valéis vosotros mucho más que ellos?, ¿no hará Dios mucho más por vosotros? Lee el texto completo en Mateo 6:25-34.

¿Por qué *cosa* no tenemos que preocuparnos?

¿Por qué *razón* no tenemos que preocuparnos?

El texto en Mateo parece centrarse en la preocupación por la vida y el cuerpo, y de forma más específica por la comida, la bebida y el vestido (6:25). Sin embargo, el mismo texto paralelo en Lucas parece hablar más ampliamente añadiendo "ni estéis en *ansiosa inquietud*" (Lucas 12:29). La ansiosa inquietud es una sensación que he experimentado muchas más veces de las que debería. Sólo de leer la expresión puedo sentir que algo recorre mi garganta, comprime mi estómago y contrae los músculos de la zona superior de mi espalda.

Revisa nuevamente el texto en Mateo. Fíjate que está lleno de preguntas retóricas. Las preguntas retóricas son preguntas que no necesitan respuesta porque la respuesta es evidente y lógica. Sin embargo, te animo a revisar cada una de estas preguntas. Léelas en voz alta y después contesta cada una de ellas con esa respuesta evidente y lógica que, aunque sabemos, nos cuesta creer.

"¿No tiene la vida más valor que la comida, y el cuerpo más que la ropa?" (v. 25)

"¿No valéis vosotros mucho más que ellas?" (v. 26)

"¿Quién de vosotros, por mucho que se preocupe, puede añadir una sola hora al curso de su vida?" (v. 27)

"¿Y por qué os preocupáis por el vestido?" (v. 28)

Déjame hacerte una pregunta más que se desprende del texto, aunque no está formulada como tal: ¿qué beneficio sacamos con nuestra ansiosa inquietud?

Ninguno. No sacamos ningún beneficio. Al contrario, la ansiosa inquietud sólo nos hace ver el problema más grande, y la solución más lejana.

> La ansiosa inquietud sólo nos hace ver el problema más grande, y la solución más lejana.

Como cualquier otra emoción, la preocupación en su justa medida es sana y beneficiosa. Jesús no nos anima en estas líneas a vivir de una forma improvisada y desordenada. Por supuesto que tenemos que tener un plan de futuro y trabajar para nuestro propio sustento y beneficio. Pero aquí estamos hablando de ansiosa inquietud. De preocuparnos y angustiarnos cuando las circunstancias no son claras, cuando no sabemos qué hacer, cuando estamos perdidos, cuando, tal vez, todo está fuera de nuestro control. Entonces, la preocupación no tiene nada que hacer. La ansiosa inquietud no va a ayudarnos.

De acuerdo, tenemos claro que la preocupación no es lo más adecuado cuando no tengo un plan de acción y todo a mi alrededor es inestable. Pero ¿cuál debería ser entonces mi respuesta? En realidad, son dos las respuestas.

En primer lugar, ya lo hemos leído; "Mas buscad primeramente el reino de Dios y su justicia, y todas estas cosas os serán añadidas" (Mateo 6:33). Esa debe ser tu respuesta. Céntrate en Dios. Ora, lee la Biblia, adórale, medita en Él. Deja que tu pensamiento sea sólo Él. Así, se irá la ansiosa inquietud y vendrá la calma. La próxima vez que tus circunstancias te abrumen, detente, acude a Dios, ora y adórale.

En segundo lugar, lo hemos leído también: "Así que, no os afanéis por el día de mañana, porque el día de mañana traerá su afán. Basta a cada día su propio mal" (Mateo 6:34). Vive un día a la vez.

¿Alguna vez te has sentido perdida ante la necesidad de tomar una decisión en un momento de especial necesidad? A veces nos sentimos tan abrumados que vemos la necesidad de tomar decisiones precipitadas, aun cuando no estamos seguros de qué es lo más conveniente. Las decisiones que hacemos bajo grandes presiones emocionales no son normalmente las mejores. Céntrate en el presente. Consume la energía que aún te queda. Absorbe el oxígeno que todavía hay a tu alrededor. Si te sientes perdida y no sabes qué hacer, busca a Dios. Refúgiate en esa paz y consuelo que veíamos ayer que podría proporcionarte. Hazte acopio de sus fuerzas y llénate de su gozo. Céntrate en buscarle y adorarle y deja que llegue el momento de hacer esa decisión. Si estás en sintonía con Dios, Él va a guiar tus pensamientos a través de su paz. No dejes de orar por esa dirección.

Ayer estudiábamos en Hechos 16 lo que ocurrió con Pablo y Silas cuando fueron encarcelados. Uno de los textos de Pablo que usamos fue este: "Y la paz de Dios, que sobrepasa todo entendimiento, guardará vuestros corazones y vuestros pensamientos en Cristo Jesús" (Filipenses 4:7).

Piensa en la expresión "paz que sobrepasa todo entendimiento". ¿A qué crees que se refiere? ¿Puedes pensar en algún ejemplo (en tu vida o en la Biblia) de este tipo de paz?

En este versículo Pablo nos dice que la paz de Dios, de la que hablábamos ayer, guardará no solo nuestros corazones, sino también nuestros pensamientos. Vamos a ver cómo la paz de Dios guardó los pensamientos de Pablo y Silas. Continuemos la lectura de ayer en Hechos 16:26-34.

Mientras Pablo y Silas cantaban, un terremoto abrió las puertas de las celdas y soltó las cadenas de los prisioneros. Pablo y Silas podían haber entendido esto como un acto de liberación de parte de Dios y haber escapado de la cárcel a toda prisa. Un milagro, Dios había venido a su rescate. Sin embargo, no lo hicieron así. Aunque ellos no lo sabían aún, el carcelero estaba a punto de creer en Dios y ser bautizado; y ellos tenían que guiarle a ello. Probablemente esa misma paz que sobrepasa todo entendimiento guio también sus pensamientos a tomar la decisión adecuada.

¿Qué relación crees que existe entre pensamientos, paz y dirección de Dios?

Romanos 12:2 nos dice: "No os conforméis a este siglo, sino transformaos por medio de la renovación de vuestro entendimiento, para que comprobéis cuál sea la buena voluntad de Dios, agradable y perfecta". Una comunión plena con Dios puede hacer que nuestros pensamientos se alineen con los pensamientos de Dios y nuestro punto de vista se aleje del punto de vista del mundo. ¡Cuánto quisiera tener un entendimiento renovado cada vez que enfrento una decisión difícil en mi vida!

> La comunión plena con Dios puede hacer que nuestros pensamientos se alineen con Sus pensamientos.

Amiga, dejemos de preocuparnos por cosas sobre las que no tenemos el control. Despojémonos de la ansiosa inquietud. Busquemos a Dios fehacientemente antes de tomar una decisión precipitada y dejemos que la paz de Dios guarde nuestros pensamientos y éstos se alineen con los pensamientos de Dios. Inundemos nuestra mente con esos pensamientos que son incompatibles con la ansiosa inquietud.

Semana 3. ¡Señor, obra en mi interior!

Bajo esta lluvia

Hoy me siento feliz. Y no sólo hoy. Algunos días. Voy conduciendo al trabajo y por el camino me doy cuenta de que estoy sonriendo. Gracias Dios por este día, por mis ánimos, y porque estoy motivada. ¡A por ello! -me digo a mí misma- La vida sigue adelante, y hay mucho por lo que esforzarse. El Sol sigue brillando radiante y, pese a todo, las misericordias de Dios son nuevas cada mañana. Algunos días me ocurre así. Quiero decir, muchos días.

Pero de repente, un pequeño recuerdo viene a mi mente. Una imagen que se cruza de improviso. Un cartel anunciando cualquier cosa. Una persona con la que me cruzo en mi camino. Un deseo del que me acuerdo de repente... y que tal vez ya nunca se cumpla... Y todo se vuelve vivo en mi mente. Ira, rabia, frustración, impotencia, un mundo hecho pedazos, decepción, tristeza, enfado. ¡¿Cómo pudo suceder?! ¡¿Cómo es posible todo esto?! Todo arde por dentro. Ese nudo en la garganta. Nudo literal. Rabia. Más rabia. ¿Alguna vez acabará esta rabia?

El semáforo se pone en rojo. Está lloviendo. Cierro los ojos por un momento. Señor, dame de tus fuerzas. No puedo con esto. Y cuando la luz verde se ilumina, reanudo la marcha. ¡A por ello! -me digo a mí misma- La vida sigue adelante, y hay mucho por lo que esforzarse.

Algunos días, sin embargo, no estoy tan motivada. A veces no consigo levantarme de la cama. Sencillamente no me es posible. Algunas veces no tengo ganas de continuar. Y deseo con todas mis fuerzas que mi tiempo termine aquí. Ya he tenido suficiente. He reído y he llorado. No espero mucho más de la vida. Y total, por ahorrarme los días negros que aún me quedan por delante... Pero ya he tomado esta decisión. Y voy a ser consecuente con ella. Y me levanto. Y descubro que alguien me ha escrito un mensaje de buenos días. Y sonrío. Y le contesto. Y me voy al trabajo. Y por el camino, mientras conduzco, de repente me doy cuenta de que estoy sonriendo.

Pero no siempre que conduzco voy sonriendo, no, ni mucho menos. El otro día no sonreía. Mientras conducía, escuchaba un ruidito en el motor de mi coche. Creo que mi expresión era más bien de terror. El señor del taller dijo que no era demasiado grave, tenía fácil solución, aunque había que arreglarlo de inmediato, y no era precisamente barato. A mí, la verdad, sí me pareció grave. Supongo que por eso tampoco me descubrí sonriendo de vuelta a casa. Cuando llegué, detuve el coche. Cerré los ojos y me abracé al volante. "Señor, provee para mí, tú sabes lo que hay en mis manos". Me puse a llorar. Alguien me abrazó. Aunque, por supuesto, no había nadie. Me bajé del coche y revisé el correo, como cada día. Un sobre diferente esta vez. Sin nada escrito en él. Anónimo. Lo abrí inmediatamente, por supuesto ahí, en medio de la calle. Una tarjeta de cumpleaños sin firmar. Sí, pronto es mi cumpleaños. Y varios billetes dentro de ella. Ahora el señor del taller tenía razón, porque ya no era tan grave. No sé si algún día sabré quién envió la tarjeta, pero yo miré al cielo. Despejado. Y lloré de nuevo. Creo que también sonreí.

Un día voy conduciendo y recibo una llamada. No son buenas noticias. Es lo último que me faltaba. De verdad, creo que ya es suficiente. No necesito más gotas que sigan colmando mi vaso. Puedo sentir en la voz de quien me llama una especie de miedo por cómo voy a reaccionar. Pero está bien. No pasa nada. Gracias por informarme. Cuelgo. ¿Y ahora debería llorar? ¿Debería gritar de rabia? Lo intento, porque soy consciente de que no dejar salir las emociones es dañino. Pero no sale. De verdad que no. No hay nada que liberar. Estoy bien. Tranquila. Hay paz dentro de mí. No lo entiendo. No tiene sentido. Paz que sobrepasa todo entendimiento. Gracias Dios, porque en medio de todo esto, sé que tú tienes el control.

Algunos días voy conduciendo y ponen en la radio esa canción que tanto me gusta. Esa que dice que Dios me ve, y que Dios me escucha. Y se queda grabada en mi mente. Y no sale en todo el día. Y me acompaña a cada paso que doy recordándome que, en efecto, Dios está ahí, a mi lado, observando y escuchando, y no piensa marcharse. O el locutor menciona ese versículo de la Biblia que leí justo la noche anterior y que tanto llamó mi atención. Y que sé que es mío. Que de alguna forma Dios lo puso ahí para mí. Para este momento. Y me agarro a él. Y ya no lo suelto.

Otros días no tengo fuerzas para nada. Me siento a ver la vida pasar. Como una simple espectadora. Dejo que el tiempo pase. Y no hago nada. Absolutamente nada. Porque no puedo, aunque quiera. No puedo. Y después alguien llega y se sienta a mi lado. Y me dice que ha estado orando por mí. Y yo le sonrío mientras sigue hablando. Me cuenta que, mientras oraba, pensó en prepararme algo de cena y venir a verme. Y me enseña lo que ha cocinado para mí, que es más de lo que he comido en toda la semana. Porque ella no lo sabe, pero esa cena será lo primero que coma en el día, porque mi cabeza no ha pensado en cocinar o ir la compra. Entonces la miro, y está sonriendo. Por supuesto yo también sonrío.

Algunos días me siento feliz. Sí, algunos días. O puede que muchos días. Muchos de ellos está lloviendo. Últimamente ha llovido más de lo que quisiera. Pero aun así sonrío de camino al trabajo. No sé por qué. Con todo lo que tengo encima. Con este dolor que no se va de mí. Tantas cosas en las que pensar. Tantas decisiones que tomar. Tantas emociones con las que tengo que luchar. Tantas tareas pendientes. Y no precisamente de las fáciles, de las que se hacen en una mañana de sábado. No. Y para colmo esta lluvia. Pero vivo un día a la vez. Sólo un día. La verdad es que bien pudiera fruncir el ceño y conducir así. O apretar los labios y avanzar. Y, sin embargo, algunos días me siento feliz. Algunas veces voy conduciendo al trabajo y descubro que estoy sonriendo, y me digo: Hoy es un buen día. Y ya son muchos los buenos días. Gracias Dios, porque no entiendo nada, pero tus misericordias son nuevas cada mañana.

Semana 4.
Emociones que toman el control

Día 1. Ansiedad. El poder del pensamiento

Durante mis años de estudiante en la universidad, una de mis compañeras de clase, con la que compartí muchas horas, sufría grandes problemas de ansiedad. Estaba muy motivada en sus estudios y quería dar lo mejor de sí misma. Trabajaba con gran esfuerzo y dedicaba mucho tiempo a estudiar y preparar la tarea. Pero su preocupación era excesiva. A medida que se acercaban fechas importantes como la entrega de un proyecto o un examen final, sus niveles de ansiedad subían de forma alarmante, no podía dormir bien, no era capaz de comer, y su cuerpo se enfermaba de tal forma que le impedía asistir a clase para entregar la tarea o realizar el examen. A pesar de su esfuerzo, aprobar se convertía en una tarea prácticamente imposible.

La ansiedad es una emoción que aparece cuando percibimos una amenaza ante la que sentimos la necesidad de prepararnos para hacerle frente. Como cualquier otra emoción, es necesaria e, incluso, beneficiosa en su justa medida. Todos necesitamos cierta dosis de presión para actuar. Como las cuerdas de una guitarra. Si están demasiado flojas o demasiado apretadas el sonido no será adecuado. La tensión debe ser la justa para nuestro correcto funcionamiento. Pero cuando la tensión es excesiva, entonces surge una ansiedad que no resulta en absoluto beneficiosa.

La ansiedad siempre surge en la mente, y después se traslada al resto del cuerpo. Comienza en nuestros pensamientos. Generalmente se trata de pensamientos a los que nuestro cerebro otorga una importancia mucho mayor de la que debería, y les concede una idea de realidad que no siempre es correcta. Muchas veces estos pensamientos no están basados en la realidad, pero nuestro cerebro los interpreta como reales. En ocasiones, incluso, ni siquiera somos del todo conscientes de dichos pensamientos.

> La ansiedad siempre surge en la mente, y después se traslada al resto del cuerpo.

Una vez producida esa primera confusión, nuestro cerebro se encarga de enviar mensajes de alerta al resto del cuerpo, y nuestro cuerpo responde a ellos. Si la ansiedad se prolonga en el tiempo, podemos llegar a notar subida de la presión arterial, deseos desmesurados de comer, falta de apetito, hiperventilación, úlceras, pérdida de cabello, y un largo etcétera. Pero además de todo esto, podemos empezar a actuar, muchas veces sin pensar en lo que hacemos y, por lo tanto, sin hacer lo que realmente deberíamos hacer.

Un caso similar lo encontramos en Marta, a quien Jesús fue a visitar en alguna ocasión. Aunque es posible que no responda a un cuadro de ansiedad, nos ayudará a comprender ciertos aspectos de esta. Lee Lucas 10:38-42.

Analiza la actitud de Marta y de María en los versículos que acabamos de leer y trata de completar el cuadro que verás a continuación. Dedica algunos minutos a ello y trata de escribir tantas ideas como te vengan a la mente.

	Pensamientos	Acciones
Marta		
María		

Los pensamientos siempre dirigen nuestras acciones, por eso es tan importante que tomemos el control de ellos. Los pensamientos de Marta estaban bien fundados, ella quería servir y agradar a Jesús para que Su estancia en su casa fuera de lo más agradable. Pero estaban basados en una preocupación sin sentido. Jesús no necesitaba una casa limpísima o una comida espectacular. Jesús había venido buscando la compañía de las hermanas, mientras que Marta, haciendo caso de sus pensamientos erróneos, le había negado su presencia, pero también pretendía negarle la de su hermana. Notemos además que pensamientos erróneos no sólo nos llevan a acciones erróneas, también a emociones negativas. En este caso, Marta se siente mal con respecto a su hermana, pero también con respecto a Jesús ("¿no te da cuidado…" v. 40).

> Los pensamientos siempre dirigen nuestras acciones, por eso es tan importante que tomemos el control de ellos.

Piensa en tu propia experiencia. ¿Recuerdas alguna ocasión en la que pensamientos incorrectos te hayan llevado a acciones inapropiadas?

Una de las características de la ansiedad a nivel cognitivo son los pensamientos reiterativos o repetitivos. Los expertos llaman a esto *rumiación*. La rumiación ocurre cuando el foco de atención de nuestro pensamiento se queda atascado en una idea que bien puede ser real, aunque muchas veces no lo es. El pensamiento magnifica esta idea, dándole una importancia desmesurada. Nuestros pensamientos se quedan entonces dando vueltas alrededor de ella, en un círculo vicioso del cual no pueden salir.

"Marta, Marta, afanada y turbada estás con muchas cosas. Pero sólo una cosa es necesaria" (Lucas 10:41b-42a). Marta necesitaba cambiar el foco de atención de sus pensamientos y que su mente dejara de girar en torno a lo incorrecto.

Como señalaba al principio, cuando sentimos una amenaza, nuestra mente comienza a trabajar y buscar pensamientos que nos ayuden a hacer frente a esa amenaza. Cuando esos pensamientos se enfocan de forma excesiva en el problema, se genera la ansiedad. Debemos romper ese círculo de pensamientos y sustituirlos por pensamientos adecuados. Ahora bien, ¿cómo hacemos esto?

Lo primero es deshacernos de los pensamientos que nos estresan. Dos acciones son necesarias según 1ª de Pedro 5:6 y 7. Búscalas y escríbelas a continuación:

1.

2.

Debemos primeramente humillarnos ante Dios, reconocer que no podemos hacer nada sin Su ayuda. Que necesitamos que ponga orden sobre nuestros pensamientos. Después debemos descargarnos ante Él. Echar nuestra ansiedad y nuestra preocupación sobre Él. Dejar que Él tome el control y cuide de nosotros. Si estás cargada en el día de hoy con muchas preocupaciones y tu pensamiento gira constantemente en torno a una idea que te frustra, te llena de rabia y te hace sentir insegura y abatida, acude a Dios en este momento. Párate ante Él con humildad y pídele que recoja sobre sí toda tu ansiedad.

Gran parte de la ansiedad que sentimos se genera porque queremos que ocurran una serie de cosas que nos liberarían de nuestro problema en este momento. Sin embargo, los tiempos son de Dios. Él tiene el control sobre ellos. Así que libérate de la carga de la ansiedad. Pide a Dios que te enseñe la senda bajo tus pies y te ilumine en el próximo paso mientras centras toda tu atención en Él. No esperes ver desde ahora todo el camino que te queda hasta el final, deja eso en el control de Dios. Tú céntrate en este momento actual. Deja de pensar en lo que va a ocurrir después. Recuerda lo que leímos la semana pasada: "Así que, no os afanéis por el día de mañana, porque el día de mañana traerá su afán. Basta a cada día su propio mal." (Mateo 6:34).

El siguiente paso será llenar nuestra mente de nuevos pensamientos. Colosenses 3:2 y 3 lo dice muy claro: "Poned la mira en las cosas de arriba, no en las de la tierra. Porque habéis muerto, y vuestra vida está escondida con Cristo en Dios.". El foco debe ser Dios y la palabra de Dios. Debemos buscar a Dios y centrarnos en Su persona. Si pensamos constantemente en nuestro problema y en nuestras dificultades, la ansiedad crecerá sin duda alguna. Muchas veces lo que nos angustia no son en realidad las situaciones presentes, sino el miedo a las posibles consecuencias que las situaciones presentes o por presentarse traerán consigo.

Mencionábamos antes lo que los expertos llaman rumiación. En la Biblia, aparece varias veces una palabra que en cierto sentido es similar a la rumiación, aunque en realidad es completamente opuesta. Es la meditación. Y no, no estoy hablando de yoga. La meditación consiste en el pensamiento continuado en Dios y Su Palabra. Mientras que la rumiación tiene unas consecuencias completamente dañinas para nuestra salud emocional y física, las de la meditación son, al contrario, beneficiosas. A continuación, te dejo algunos versículos que hablan sobre meditar en Dios y Su Palabra. Escribe junto a cada uno de ellos algunos de los beneficios que cambiar tus pensamientos puede traer a tu vida.

Salmo 1:1-3

Filipenses 4:8 y 9

Salmo 16:8

Josué 1:8

Salmo 119:11

¿De qué formas se te ocurre que podrías incorporar la meditación a tu vida?

Déjame finalizar con un último texto en Romanos 8:5 y 6. Lee el texto y contesta a las siguientes preguntas (tal vez necesites ir también de nuevo a Lucas 10:38-42).

¿En qué pensaba Marta?

¿Y María?

¿Recuerdas qué era lo que estaba haciendo María mientras Marta se afanaba?

¿Qué significa para ti *pensar en las cosas del Espíritu* (Romanos 8:6)?

Amiga, aunque vivamos en este mundo y no nos falten los motivos para preocuparnos y dejar que nuestros pensamientos se centren en aquello que nos amenaza, nosotras no somos de este mundo. Esforcémonos por trabajar en aquello que está en nuestras manos. Pero no nos abrumemos con lo que se escapa de nuestro control, dejémosle eso a Dios. Pensemos por tanto en las *cosas del Espíritu* y dejemos que Dios cuide de nosotras de la misma forma que lo hace con las aves del cielo y las flores del campo.

Día 2. Paralizados o acelerados por el miedo

Posiblemente, una de las historias más conocidas de la Biblia sea la de aquel niño que mató al gigante. David era un jovencito que se dedicaba a cuidar las ovejas de su padre. Sus tres hermanos mayores, con edad suficiente para ir a la batalla, se encontraban en el valle de Ela cuando el padre le pidió a David ir a visitarlos para conocer su estado y llevarles algo de alimento. David obedeció.

Cuando David llegó a Ela, la situación no era muy agradable. Los israelitas sufrían un miedo atemorizador y paralizante. Uno de los enemigos, un conocido guerrero de casi tres metros de alto, les desafiaba a diario a que eligieran uno de sus hombres y decidieran el futuro de sus naciones en un duelo a muerte. Por supuesto, ninguno de los guerreros de Israel quería ser ese hombre, destinado a una muerte segura y desencadenar la esclavitud para su pueblo nuevamente. El miedo los tenía sobrecogidos. A todos menos a uno. Un joven David, recién llegado al campo de batalla se ofreció voluntario para luchar contra el gigante, totalmente confiado de que Dios le libraría de la muerte de la misma forma que lo había hecho tantas otras veces en su labor como pastor.

Frente al asombro de todos los presentes, y sin encontrar ningún tipo de resistencia puesto que no parecía haber una alternativa mejor, el pequeño David fue a su encuentro con Goliat con su honda y unas piedrecillas del arroyo.

Después, David profesó unas confiadas palabras: "Tú vienes a mí con espada y lanza y jabalina; mas yo vengo a ti en el nombre de Jehová de los ejércitos, el Dios de los escuadrones de Israel, a quien tú has provocado. Jehová te entregará hoy en mi mano, y yo te venceré, y te cortaré la cabeza, y daré hoy los cuerpos de los filisteos a las aves del cielo y a las bestias de la tierra; y toda la tierra sabrá que hay Dios en Israel. Y sabrá toda esta congregación que Jehová no salva con espada y con lanza; porque de Jehová es la batalla, y él os entregará en nuestras manos." (1º Samuel 17:45-47). Y finalmente, en un primer intento directo y conciso, David mató a Goliat.

Y es en este punto donde yo me pregunto: ¿por qué David no parecía tener ni un ápice de miedo?, ¿qué es lo que le hacía diferente al resto de israelitas, paralizados por el temor?, ¿estaba David hecho del mismo material que yo?, ¿puedo yo también ser como David?

David era una persona normal, como tú o como yo; aunque su corazón le hacía excepcional. Un recorrido por la vida de David nos hace darnos cuenta de su humildad, pero también de su cercanía a Dios.

Hubo momentos muy duros en la vida de David, hoy nos centraremos sólo en uno de ellos.

Gracias a Jonatán, David supo que el rey Saúl quería matarlo debido a la amenaza que David suponía para la conservación de su trono. Inmediatamente David escapó. Comenzó así una huida de varios años en los que David se vio obligado a cambiar constantemente de lugar y estar alerta a los constantes peligros de ser encontrado por Saúl. Fueron años de auténtico peligro y desesperación para David. Leamos en 1º de Samuel 21:10-14 uno de estos terribles momentos.

Describe con tus palabras cómo eran las emociones de David en el pasaje leído. Si tienes dificultad, ayúdate con el versículo 12.

David estaba completamente atemorizado. La situación no era para menos; su vida corría un grave peligro. Si Saúl descubría su paradero, acabaría con su vida sin pensárselo dos veces. Gracias a la riqueza de la Biblia, y a que a David le gustaba descargar su alma escribiendo cánticos, podemos adentrarnos en el corazón de David y contemplar qué ocurría allí en estos momentos de profundo miedo. En medio de esta experiencia, David escribió el Salmo 56. Dedica unos minutos a leerlo.

Realiza ahora una segunda lectura prestando atención a algo en particular. Hay ciertos versos en este Salmo que se repiten. Te reto a que los encuentres. Son la clave para entender cómo David era capaz de hacer frente al miedo en la forma en que lo hacía. Escribe a continuación las palabras de esos versos que se repiten.

El miedo es una emoción completamente normal que todas las personas experimentamos en repetidas ocasiones a lo largo de la vida. No hay absolutamente nada malo en ello. El miedo nos motiva a estar alerta, tener cuidado y actuar en situaciones de peligro. Sin embargo, como ya vimos ayer, en ciertas ocasiones, nuestra imaginación nos hace ver peligros que aún no han llegado y percibimos como reales. Anteponer esas experiencias genera un miedo excesivo que, por lo general, nos lleva a dos formas diferentes de actuar. Podemos ver un ejemplo de ambas en la respuesta del pueblo de Israel frente a la provocación de Goliat.

La primera de ellas es la parálisis. El miedo nos impide actuar, nos paraliza. Leemos en 1º de Samuel 17 cómo Goliat salía día tras día a repetir las mismas palabras. Y cada día la respuesta por parte de Israel era la misma: ninguna. No había ningún hombre que se sintiera capaz de dar un paso al frente, estaban "turbados y llenos de gran miedo" (v. 11).

La segunda reacción es la aceleración. El miedo también puede hacer que nos movamos de forma precipitada: eso sí, siempre en la dirección incorrecta. Cada vez que Goliat se levantaba frente al campamento de Israel para pronunciar sus palabras, un buen número de israelitas corrían "huyendo de su presencia" (v. 24). El miedo nos impulsa a correr en dirección contraria a la que debemos tomar.

Esta es precisamente la estrategia de caza que utilizan los leones: el miedo de sus presas. Los leones cazan en grupo, se sitúan estratégicamente alrededor de su presa. A continuación, uno de los machos de la manada se acerca a la presa para asustarla. Si la presa se paraliza, se tirará directamente hacia ella. Si sale corriendo atemorizada, lo hará en dirección contraria a la que está el león. En su camino encontrará varias leonas mucho más ágiles, rápidas y preparadas para alcanzarla.

Pero volviendo al texto bíblico, ¿qué hizo que David no actuara de ninguna de estas dos formas y enfrentara al gigante? Por si no lo recuerdas, te diré que ya has leído la respuesta a esta pregunta en el Salmo 56:3. Léelo de nuevo y escribe a continuación tu respuesta:

¿Cómo crees que puede la confianza eliminar el efecto del miedo?

En efecto, lo único capaz de ahuyentar nuestro miedo es la confianza. Necesitamos confiar en algo que nos proporcione seguridad, saber que el gran peligro que vemos delante no nos hará ese gran daño que prevemos. Evidentemente no podemos confiar en que las circunstancias que experimentamos tendrán compasión de nosotros, o de que las personas que tratan de hacernos daño decidirán de repente detener sus intentos cuando están a punto de conseguirlo. Pero sí podemos estar seguros de algo que David sabía muy bien:

> Lo único capaz de ahuyentar nuestro miedo es la confianza.

No dará tu pie al resbaladero, ni se dormirá el que te guarda. (Salmo 121:3)

Y:

Cercano está Jehová a todos los que le invocan, a todos los que le invocan de veras. (Salmo 145:18)

> No podemos evitar el miedo. Pero podemos evitar que nos paralice o nos haga correr en la dirección equivocada.

¿Recuerdas las palabras que David repetía en el Salmo que hemos leído hoy? Fíjate en lo que escribiste en el segundo cuadro de la página 99, léelo y recuérdalo.

El miedo es algo real. No podemos evitarlo. Pero sí podemos evitar que nos paralice o nos haga correr en la dirección equivocada. Confía en Dios en el día de temor. Tal vez tengas que repetirte a ti misma estas palabras varias veces como lo hizo David en medio de su miedo profundo.

Confío en Dios y alabo su palabra; confío en Dios y no siento miedo. ¿Qué puede hacerme un simple mortal? (Salmo 56:4, NVI)

Día 3. La frustración, ¿ira o resignación?

Seguramente esta situación te resulta muy familiar: Por alguna razón el despertador no suena por la mañana. Te levantas sobresaltada y a toda prisa. Te vistes con rapidez, pero no eres capaz de encontrar una camisa y un pantalón que combinen. Abres el armario para agarrar unas galletas para el camino al trabajo, pero todos los paquetes se caen al suelo. Decides dejarlo todo echo un desastre y marcharte sin desayunar. Tienes que parar a repostar gasolina, y te retrasas aún más por culpa de un vehículo delante de ti que parece no tener ninguna prisa. Llegas tardísimo al trabajo, justo hoy que han decidido organizar una reunión improvisada. Tu jefe no está precisamente contento, porque hay varias cosas que le gustaría tener listas y no lo están. El día avanza, pero no mejora, parece que todas las cosas se han puesto de acuerdo para salir mal. ¿Cómo te sientes?

> La frustración provoca en nosotros una cierta sensación de fracaso o decepción debido a que algo no ocurrió de la forma que esperábamos.

Los expertos llaman frustración a esta emoción mezcla de rabia e impotencia. Normalmente, la frustración provoca en nosotros una cierta sensación de fracaso o decepción debido a que algo no ocurrió de la forma que esperábamos. Es muy común que las dificultades que atravesamos nos lleven a intensos estados de frustración, que son mayores cuando el impacto de dicha situación en nosotros es también mayor.

Los expertos afirman que, por lo general, las personas respondemos a la frustración de dos formas diferentes: la primera es la ira, la segunda, la resignación. Vamos a ver lo que dice la Biblia de cada una de ellas.

Comenzaremos con la ira o enfado. Uno de los textos que más nos dicen sobre la forma de actuar de la ira está en Efesios 4:26-27: "Airaos, pero no pequéis; no se ponga el sol sobre vuestro enojo, ni deis lugar al diablo". Como vemos en este texto, enfadarnos en sí no es pecado. La ira es una simple emoción, y en ocasiones, incluso, sentir enfado nos lleva a actuar de forma adecuada, por lo que puede ser beneficioso. Pero esto no es siempre así. La ira tiene un elevado potencial de conducirnos al pecado. Santiago lo confirma en su carta: "Por esto, mis amados hermanos, todo hombre sea pronto para oír, tardo para hablar, tardo para airarse; porque la ira del hombre no obra la justicia de Dios." (Santiago 1:19 y 20).

Debemos ser lentos para airarnos. Es decir, la ira no debería ser nuestra primera reacción ante la frustración. Regresemos de nuevo al texto de Efesios. Pablo nos recomienda no pecar cuando estemos enfadados, y nos sugiere dos recomendaciones (Efesios 4:26-27). Cópialas a continuación:

1.
2.

La primera se refiere a no prolongar el enfado. La ira provoca más ira. Como dice Proverbios 15:1 "La respuesta amable calma el enojo, la respuesta grosera lo enciende más." (TLA). Y no solamente acentúa el enojo quien recibe la respuesta, sino también en quien la da. De modo que, para evitar pecar, debemos cortar esa ira lo antes posible, y puede que una forma sabia de hacerlo es no precipitar una respuesta.

Y, en segundo lugar, no debemos dar lugar al diablo. La ira es una emoción difícil de controlar. Es muy fácil que aumente a medida que avanza en el tiempo, por lo que cortarla se hace más difícil a medida que pasan los minutos, y Satanás lo tiene mucho más fácil para que nuestra emoción tome el control de nosotros. Además, la ira sin control está muy relacionada con la violencia. Si no controlamos nuestra ira a tiempo, ésta puede convertirse en una reacción violenta de forma muy fácil. Muchas veces las personas nos hacen daño. Es muy fácil que aparezca el enojo en nosotros. Más aún cuando nos lastiman personas muy cercanas de las que no lo esperábamos en absoluto. Debemos cortar ese enfado antes de que se alargue en el tiempo y dé lugar al diablo.

> La ira es una emoción muy difícil de controlar. Debemos cortarla lo antes posible.

¿Por qué crees que es fácil dar lugar al diablo cuando nos encontramos en un ataque de ira?

Abre ahora tu Biblia en Mateo 18:21-35 y lee lo que hay escrito en ella.

Pedro entendía, seguramente porque así lo había escuchado de Jesús, que debía perdonar a quien pecase contra él. Lo que no le quedaba muy claro es hasta qué punto debía perdonar. La respuesta de Jesús va mucho más allá de los números. No serviría de nada multiplicar setenta por siete, porque lo que Jesús le está diciendo es que debemos perdonar mucho más allá de lo que estamos dispuestos. No seamos como el siervo que no quiso perdonar.

Cuando alguien peque contra ti, acuérdate de cómo tú mismo has sido perdonado, y perdona. Y si vuelve a pecar contra ti, acuérdate de cuántas veces has sido perdonado, y perdona de nuevo. Pero eso no es todo, después de perdonar, tu trabajo continúa: "Pero yo os digo: Amad a vuestros enemigos, bendecid a los que os maldicen, haced bien a los que os aborrecen, y orad por los que os ultrajan y os persiguen" (Mateo 5:44). ¿Quién hay a tu alrededor que necesite recibir tu perdón? Trabaja en tu corazón para ofrecer ese perdón. Después, recuerda que tienes cuatro tareas más hacia esa persona. Escribe a continuación las cuatro tareas listadas en Mateo 5:44:

1.
2.
3.
4.

Además de la ira, la otra respuesta a la frustración es, como comentábamos anteriormente, la resignación. La resignación es un sentimiento de tristeza profunda que experimentamos cuando decidimos conformarnos con la situación que nos frustra. Vemos un ejemplo muy claro de esto en Lucas 18:18-23. Búscalo en tu Biblia y léelo antes de continuar.

¿Cuál crees que el joven rico esperaba que fuera la respuesta de Jesús?

¿Por qué se marchó experimentando resignación?

Este joven estaba orgulloso de haber guardado los mandamientos. Esperaba que Jesús lo felicitara por ello. Venía buscando reconocimiento, y encontró algo muy diferente. Por eso se sintió frustrado y respondió a esa frustración con resignación.

> La resignación no nos lleva a dar una respuesta adecuada porque inhibe la acción.

La resignación no nos lleva a dar una respuesta adecuada. Lo único que hace es provocar en nosotros abatimiento y abandono. No nos motiva a la acción. El joven rico se marchó conformándose con no alcanzar la vida eterna en vez de hacer aquello que podría conducirle a ella. La tristeza que provoca la resignación nos impide arriesgarnos e intentar salir de una determinada situación y conformarnos con ella a pesar de que no nos satisfaga solo por el hecho de evitar una nueva decepción.

¿De qué forma crees que la resignación es un obstáculo para que nuestra situación se resuelva favorablemente?

La respuesta correcta a la resignación es buscar nuevas esperanzas que nos den fuerza y motivación. La más segura esperanza está en Dios. Copia a continuación el versículo 11 del Salmo 42.

No siempre es fácil detectar la frustración a tiempo. Pero es bastante más sencillo detectar que hemos caído en la ira o la resignación. Evalúate a ti misma e identifica cuánto de estas emociones hay dentro de ti. Recuerda que nosotros debemos ser los dueños de nuestras emociones, y nunca al contrario. Si crees que has perdido el control sobre ellas, pídele a Dios que te ayude a dominarlas y que no te dejen caer en el pecado ni te abrumen hasta el punto de que te hagan perder el deseo de volver a levantarte. Si ya lo han hecho, tranquila, no es tarde para volver al camino y comenzar a caminar hacia el rumbo adecuado.

Día 4. Sentimientos de soledad y rechazo

He oído muchas veces decir que la soledad podría ser considerada como la enfermedad del siglo XXI. Cada vez hay más personas que se sienten solas en medio de la muchedumbre, y los profesionales nos advierten de las consecuencias que esto conlleva. Génesis 2:18 nos dice: "No es bueno que el hombre esté solo".

> Necesitamos relacionarnos. Cuando faltan las relaciones, algo va mal en nuestras vidas.

Aunque este versículo puede tener muchas otras connotaciones, personalmente creo que fuimos creados como seres sociales, necesitamos relacionarnos. Todos nosotros. Cuando faltan las relaciones, algo va mal en nuestras vidas. Existen muchos tipos e intensidades de soledad, y parece ser que ninguna edad ni condición social está exenta de padecerla.

Tampoco es ésta una condición nueva en el ser humano. Desde hace milenios las personas se han sentido solas a lo largo de toda la superficie de la tierra. Vamos a estudiar hoy la vida de uno de los solitarios de la Biblia: Moisés. El capítulo segundo de Éxodo nos cuenta sobre el nacimiento de Moisés. Moisés nació en el seno de una familia hebrea, pero dadas las circunstancias adversas de aquellos días, su madre tuvo que abandonarlo en el río, muy a su pesar, tratando de salvar su vida. La hija del faraón de Egipto lo encontró, y decidió acogerlo en su hogar. Moisés tenía una especie de doble identidad. Era hijo de la hija de Faraón, aunque biológicamente no lo era y lo sabía perfectamente. Por otro lado, sus padres biológicos eran hebreos. Los hebreos vivían una situación complicada por aquel entonces, eran esclavos de los egipcios, en cuya tierra vivían. Pero la vida de esclavo no era en absoluto la vida que Moisés vivía. Él vivía en el palacio, como parte de la familia real. Sin embargo, de alguna forma, Moisés no pertenecía ni a los unos, ni a los otros, y a la vez, pertenecía a ambos.

¿Crees que existe la posibilidad de que Moisés sufriera algún tipo de rechazo en palacio por ser descendiente de *los esclavos*? ¿Cómo te imaginas su vida?

¿Crees que existe la posibilidad de que Moisés sufriera algún tipo de rechazo por parte de los hebreos? ¿Cómo crees que sería su relación con ellos?

Aunque podamos especular sobre ello intentando entender cómo Moisés se sentía, no tenemos una respuesta clara a ninguna de estas dos preguntas. No obstante, podemos sacar algunas ideas cercanas leyendo en Éxodo 2:11-15. Lee el texto en tu Biblia antes de continuar.

Moisés sale a observar a los otros hebreos mientras trabajan. Al leer el texto, imagino el pesar que Moisés sentía al mirarlos. El versículo 12 nos habla de un asesinato. Escribe a continuación qué emociones crees que llevaron a Moisés a obrar de esa manera:

Lo que ocurre después nos hace darnos cuenta de cómo era la relación de Moisés con sus familias biológica y adoptiva. ¿Cómo respondió uno de los hebreos entre los que Moisés trataba de mediar? (v. 14)

¿Cómo respondió Faraón? (v. 15)

Cuando llega el momento en que Moisés necesita a alguien de su lado, está solo, no tiene a nadie que le ayude. A sus cuarenta años, Moisés está completamente solo en el mundo. Sin futuro ni esperanza. ¿Puedes imaginar los fuertes sentimientos de soledad y de rechazo de Moisés mientras deambulaba por las tierras desérticas de Madián?

La soledad es un arma poderosa utilizada por Satanás para manipular nuestros pensamientos y hacer brotar en nosotros la amargura. Esto ocurre de forma especial durante periodos de nuestra vida en los que experimentamos situaciones difíciles. Las dificultades se intensifican cuando

> La soledad es un arma poderosa utilizada por Satanás para manipular nuestros pensamientos y hacer brotar en nosotros la amargura.

nos sentimos solos. No es necesario que nuestros familiares nos acusen o intenten matarnos como lo hicieron con Moisés. Ni siquiera es necesario que nuestros amigos se muestren levemente distantes para sentirnos solos. La soledad es una emoción muy natural que surge también cuando sabemos que nuestras experiencias son únicas, y muchas veces difícilmente comprendidas por otros que nunca se han visto en una situación similar. Es completamente normal. Independientemente del número de muestras de cariño que recibamos, en los momentos en los que más fuerte es la tormenta, es muy normal sentirnos solos.

Aunque la soledad sea una emoción normal y comprensible, debemos recordar que somos seres sociales y, por lo tanto, necesitamos compañía. Así que, si es ésta tu situación ahora, amiga mía, busca a alguien que te abrace, alguien que tome tu mano y camine a tu lado mientras atraviesas esta tormenta. Busca relaciones con otros, tu corazón las necesita. No tienes que pasar por esto sola. Y es lo mejor para ti no estarlo.

> No tienes que pasar por esto sola. Y es lo mejor para ti no estarlo.

Eso fue precisamente lo que hizo Moisés. Después de su huida, Moisés buscó nuevas personas a las que acercarse, estableció relaciones con ellas y formó una nueva familia. Es así como su esposa Séfora, su suegro Jetro y sus hijos Gerson y Eliezer, entraron en su vida. Cuarenta años después de su huida de Egipto, Moisés cuidaba de las ovejas de su suegro Jetro y vivía junto a su familia en Madián. Fue entonces cuando Dios se apareció ante él en medio de una zarza ardiendo para enviarle a rescatar a su pueblo de la esclavitud en Egipto (Éxodo 3:1-10).

Sin embargo, Moisés no estaba muy seguro de que esa fuera la misión adecuada para él y así lo expresó en su conversación con Dios (Éxodo 3:4–4:17). Quiero que resaltemos algunas de las promesas que Dios le hizo para darle seguridad. En primer lugar, lee los versículos 11 y 12 de Éxodo 3.

¿Cuál era el problema que exponía Moisés?

Dios contestó con dos promesas. Escribe a continuación la primera de ellas:

Sigue leyendo en Éxodo 4:10-16.

¿Cuál era el problema ahora?

Dios propuso varias soluciones al problema planteado por Moisés. Completa con las palabras que faltan:

- _____ estaría con la boca de Moisés enseñándole lo que debía hablar (v. 12).

- _____ acompañaría a Moisés y hablaría lo que Dios le hubiera dicho (vv. 14 y 15).

- _____ estaría con Moisés y Aarón mostrándoles lo que debían hacer (v. 15).

Moisés se sentía completamente solo ante una tarea que lo sobrepasaba. Necesitaba compañía, Dios lo sabía bien. La compañía y relaciones con personas en nuestra vida son importantes. Por eso Dios ha puesto gente a tu alrededor. ¿Quiénes hay a tu alrededor? ¿familia?, ¿hermanos en Cristo?, ¿amigos? Apóyate en ellos, y el camino se hará más llevadero.

Muy probablemente ya conoces el resto de la historia. Dios cumplió Su promesa y acompañó a Moisés y Aarón hasta que finalmente los hebreos salieron de Egipto liberados de la esclavitud (Éxodo 12:37-40). Dios estuvo con Moisés continuamente, y Aarón fue en efecto una ayuda.

Después de esto, Moisés continuó como líder del pueblo de Israel. Dios continuó a su lado, y Moisés también contó con otras personas a su alrededor que lo ayudaron. Vamos a continuación a ver algunos ejemplos de esto.

En una ocasión, Moisés recibió la visita de su suegro Jetro. Lee lo que sucedió en esta visita en Éxodo 18:13-25.

¿Cuál era el problema?

¿Propuso Jetro una solución sabia?
☐ Sí ☐ No

¿Fue Jetro una ayuda para Moisés?
☐ Sí ☐ No

En otra ocasión, Moisés estaba arriba del monte hablando con

Dios. Al marcharse, había dejado como responsable a Aarón, quien había sido su ayuda anteriormente. Lee lo que ocurrió en Éxodo 32:1-7.

¿Cuál era el problema?

¿Tomó Aarón una solución sabia?
☐ Sí ☐ No

¿Fue Aarón una ayuda para Moisés?
☐ Sí ☐ No

Necesitamos personas a nuestro alrededor. Esto es lo más sano y recomendable. Tenemos, sin embargo, que ser conscientes también de que las personas, como humanos que son, tienen sus limitaciones. Aunque las necesitamos a nuestro lado, no siempre se mantendrán ahí, y no siempre lo harán de la forma en que lo necesitamos. Nos fallarán, de la misma forma en que nosotros no sabemos siempre estar ahí para los demás. Pero esto no significa en absoluto que no debamos buscar apoyo en ellas.

¿Crees que es posible confiar en los demás a pesar de saber que pueden fallarnos? ¿Por qué crees que Dios nos pide que lo hagamos?

Las personas hieren y decepcionan. Pero Dios no. Es posible que nos sintamos decepcionados por Dios, pero eso no significa que nos haya decepcionado. Significa que estábamos esperando que Él hiciera lo que nosotros mismos habíamos planeado, pero no estaba en Su plan. Si sientes que Dios te ha decepcionado, espera, porque muy probablemente aún no ha llegado el final. Lo que Dios tiene para ti es mucho mejor de lo que esperabas. Mantente a la espera y confía en Él, verás que merecerá la pena.

> Las personas hieren y decepcionan. Pero Dios no.

Regresa ahora a la página 109 y fíjate en los tres puntos que completaste. Dos de ellos se referían a Dios. Probablemente porque Su compañía sea la más importante. No podemos encontrar un sólo ejemplo en la Biblia en el que Dios haya fallado a alguno de los suyos. Al contrario, Dios siempre ha estado ahí y estará ahí para ti de la misma forma. Él es el único en quien puedes tener confianza plena.

Nunca va a abandonarte ni rechazarte.

Efectivamente el ser humano necesita relaciones. Por eso debemos buscar a personas a nuestro alrededor, especialmente en momentos de dificultad. Pero por encima de esas relaciones, debemos cultivar una relación especial con Aquel que sí puede entender nuestra situación, que sí tiene en sus manos el consuelo que necesitamos, y que nunca, nunca va a fallarnos o hacer que nos sintamos abandonados.

Día 5. Descanso para el alma

Tal vez te has dado cuenta durante nuestro estudio juntas estos días pasados que hay una estrecha relación entre nuestros pensamientos, nuestras emociones y nuestras acciones. Completa el siguiente diagrama con las palabras pensamiento, emoción y acción. ¡Cuida de escribirlas en este mismo orden!

Hoy vamos a estudiar sobre el autocontrol. Estamos ante un asunto complicado. ¿Qué te parece más fácil, controlar tus pensamientos, tus emociones o tus acciones?

Si observas el gráfico que acabamos de completar, nuestros pensamientos son los que generan emociones, y son las emociones las que nos hacen actuar de determinada manera. Si queremos controlar una acción, deberíamos por tanto controlar la emoción que la causa. Y si queremos controlar esa emoción, entonces deberíamos poder cambiar el pensamiento que la genera. Piensa en ello durante unos minutos. Busca ejemplos de pensamientos, emociones y acciones para ayudarte a entenderlo. Puedes utilizar los márgenes para tomar notas si lo neceitas.

> Nuestros pensamientos son los que generan emociones, y son las emociones las que nos hacen actuar de determinada manera.

Nuestro texto clave hoy está en Mateo 11:28-30. Dedica unos momentos a leerlo detenidamente.

Personalmente me encanta cómo Jesús me muestra aquí cómo me observa, cómo ve la carga que tengo sobre mí. Él sabe cómo me siento, sabe lo cargada que estoy. Me anima a acudir a Él y compartir esa carga con Él. "*Ven a mí*", me dice, "*y toma mi yugo*".

No sé si alguna vez has visto un par de bueyes compartir una misma carga. Existe un artilugio, llamado yugo, que se coloca entre ambos de forma que los une y están obligados a moverse al mismo tiempo y dirección. Cada paso que da uno, debe darlo el otro al mismo tiempo. El peso que carga uno, es exactamente el mismo que carga el otro, repartido a partes iguales. Jesús te ofrece compartir esa carga que llevas tú sola y ponerla en Sus hombros. Quiere caminar junto a ti, en la misma dirección, y dar un paso a tu lado al mismo tiempo que lo das tú también.

Normalmente se utilizan yugos para compartir un trabajo que resultaría extenuante para un solo animal. La carga que se lleva con un yugo es una carga pesada, prácticamente insoportable. Jesús te ofrece un yugo fácil, y una carga ligera. Pero hay algo más que promete Jesús a aquellos que comparten con Él su yugo, ¿qué es? (v. 29)

Descanso para el alma. ¡Qué palabras tan llenas de significado! ¡Quién pudiera hallar ese descanso!

Ya hemos hablado anteriormente de la paz que ofrece Dios en medio de la dificultad. Pero quiero que recordemos brevemente cómo es esa paz. Recordemos lo que dice Filipenses:

> Y la paz de Dios, que sobrepasa todo entendimiento, guardará vuestros corazones y vuestros pensamientos en Cristo Jesús. (Filipenses 4:7)

Escribe con tus propias palabras qué significa eso. ¿Se te ocurre algún ejemplo de tu propia experiencia personal o de alguna historia de la Biblia?

También hemos leído anteriormente Isaías 26:3.

> Tú guardarás en completa paz a aquel cuyo pensamiento en ti persevera; porque en ti ha confiado. (Isaías 26:3)

¿Con qué adjetivo define la paz aquí?, ¿por qué crees que utiliza esta palabra?

Los dos versículos anteriores hablan de paz. Paz que sobrepasa todo entendimiento y paz completa. Pero vamos a seguir buscando semejanzas entre estos dos versículos. Además de hablar de la paz de Dios, ambos comparten también otra palabra importante, ¿sabrías decir cuál es? Busca la palabra repetida en ambos versículos (además de paz) y escríbela a continuación:

Parece ser que la paz de Dios tiene mucho que ver con los pensamientos. Regresa al gráfico del inicio de la sesión de hoy y fíjate en qué lugar del gráfico colocamos la palabra *pensamiento*.

Nos preguntábamos cómo controlar nuestros pensamientos, emociones y acciones. En Isaías 26:3 tenemos una de las primeras respuestas. Perseveremos en los pensamientos de Dios, alimentemos nuestra mente de la Palabra. Esta es una herramienta básica para evitar que nuestros pensamientos erróneos, dañinos o, simplemente, sin provecho, controlen nuestras emociones y posteriormente nuestras acciones. Si podemos detener la cadena al inicio, antes de que logre el control del siguiente eslabón, el control será mayor.

Te animo a continuar la lectura en Filipenses 4 con los versículos 8 y 9. Que desarrollan la misma idea.

Piensa en pensamientos concretos en los que puedes poner a trabajar tu mente, ¿cuántos se te ocurren?

Volvamos ahora a nuestro texto principal para el día de hoy. En Mateo 11 se nos anima a ir junto a Jesús y compartir nuestra carga con Él para que nuestra alma descanse. Sin embargo, hay dos acciones que se nos pide que hagamos para encontrar ese descanso. Búscalas en Mateo 11:29 y escríbelas a continuación:

1.

2.

Comencemos por la primera: "*Llevad mi yugo sobre vosotros*" (Mt. 11:29). ¡Sí, por supuesto! Yo quiero hacer eso. Estoy cansada de esta pesada carga, no puedo más con ella. Estoy completamente dispuesta a que alguien me ayude a llevarla. ¿Qué tengo que hacer para poner mi peso sobre ese yugo compartido? Abre tu Biblia en Mateo 16:24 y lee lo que ahí dice.

Es posible que te estés preguntando si he escrito bien la referencia bíblica o te has equivocado al buscarla en tu Biblia. No, efectivamente ese es el versículo, y aunque suene raro, sí vamos a hablar de cargar con algo más además de tu carga. Soy plenamente consciente de que lo que quieres es liberarte de ella, no aumentarla; pero creo que este texto tiene mucho que añadir al respecto.

Creo que estos dos últimos versículos están muy relacionados entre sí. En Mateo 11:28 y 29 Jesús nos habla de *venir a Él*. En Mateo 16:24 nos pide *negarnos a nosotros mismos y tomar nuestra cruz*. Personalmente creo que esto tiene mucho que ver con llevar su yugo.

¿Qué entiendes por "negarse a sí mismo"?

¿En qué sentido crees que puede estar relacionado con el control de los pensamientos del que hablábamos hace apenas unos minutos?

Tomar la cruz hace referencia al trayecto que un condenado hacía hacia su propia muerte, completamente asumida e inevitable. Cuando nos *negamos a nosotros mismos y tomamos nuestra cruz*, reconocemos que Jesús es el centro, que nuestra vida es completamente Suya, y que todo lo que vivimos y pensamos gira en torno a Él. Es entonces cuando Su yugo se ajusta sobre nuestros hombros y cuando nuestra carga se hace ligera. Es también entonces cuando recibimos descanso para nuestra alma.

Entonces Mateo 16:24 concluye con "*y sígame*" mientras que Mateo 11:29 añade "*y aprended de mí*", que es, como escribiste antes, la segunda parte de lo que se nos pide que hagamos para encontrar ese descanso. No cabe ninguna duda de que tenemos mucho que aprender de Jesús, pero en este caso en concreto, son dos las características que aparecen en Mateo 11:29 que nos llevan a ese descanso para nuestras almas. Búscalas y

> Cuando nos negamos a nosotros mismos y tomamos nuestra cruz, es cuando Su yugo se ajusta sobre nuestros hombros y nuestra carga se hace ligera.

escríbelas a continuación:

1.
2.

Mansedumbre y humildad. Esas van a ser las palabras en torno a las cuales girará nuestra próxima semana. Son dos de las características principales que Jesús mostró en sus mayores momentos de dificultad. Durante la semana que viene nuestro objetivo será *aprender de Él, que es manso y humilde*. Veremos muy concretamente cómo aprender de estas cualidades nos ayudará en el control de eso que escribimos en el segundo espacio del diagrama que completamos al inicio de la sesión de hoy.

Nunca me había sentido tan sola.

Ni tan decepcionada.

Ni tan frustrada.

Ni tan enfadada.

Nunca había tenido tanto miedo...

Nunca, hasta ese momento. Las emociones alcanzaron este nivel por primera vez de improvisto. De repente. De forma instantánea. Provocadas por una situación que estaba fuera de mi control. Y de mi conocimiento. Apenas se necesitaron unas milésimas de segundo para formar la emoción más intensa que puedas imaginar. La más intensa que yo jamás hubiera imaginado. Y de repente, sin apenas tiempo para darme cuenta, mis emociones se precipitaban dentro de mí, con una fuerza prácticamente incontrolable, cual huracán, dispuestas a arrasarlo todo. Desde entonces, la historia se repite con mucha más frecuencia de la que quisiera.

Nunca antes había ocurrido así.

Durante los años de mis estudios de doctorado me dediqué a estudiar las emociones. Estudié teorías para entender cómo se forman, cómo se transforman, cómo se reducen. Me especialicé en la forma en la que las personas gestionamos y controlamos las emociones. Creé una definición de lo que significa *regulación emocional*, o cómo las personas podemos tomar el control y modificar aquellas emociones que experimentamos. Desarrollé un instrumento para medirla. Los datos mostraron que mi instrumento funcionaba. Me convertí en una experta en el tema. Escribí una tesis de casi 800 páginas. La defendí ante un tribunal. Recibí halagos de la comunidad académica. Me doctoré con mención de honor. Me otorgaron un premio a la excelencia investigadora. Preparé varias publicaciones. Escribí un libro.

Y apenas unos meses después, me encontré con que un tornado de emociones arrasaba con todo dentro de mí. Mis propias emociones tomaron el control de mi interior. Las teorías, los reconocimientos, los premios, los libros. Nada servía. No había forma de controlar aquello. Ni siquiera para aquella "experta".

Desde entonces me he sentido sola. ¿Sola?, ¿qué digo? Me he sentido *completamente* sola. Más sola que la una. Incapaz de pensar en una única persona a quien acudir en un momento dado. Con cientos de personas alrededor. Personas que me quieren. Personas que me abrazan. Que cuidan de mí. Personas a las que de verdad importo. Pero llego a casa, cierro la puerta, y sola. He tenido que tomar una decisión, otra más, y he estado sola. En mi cabeza, en mis pensamientos... sólo se escuchaba mi voz. Sola. En mi día a día. A veces he querido contarle a alguien algo que acababa de pasarme, cualquier tontería del día... y he estado sola. En medio de una multitud. Probablemente más rodeada que nunca. Y, sin embargo, nunca me he sentido tan sola.

Me he sentido decepcionada. Abrumadamente decepcionada. A veces he pensado que sería imposible levantar la cabeza de nuevo. En momentos no ha habido esperanza. Ninguna. Una densa niebla opaca ha caído sobre mí constantemente. Ha tirado de mí hacia el suelo y ha hecho de mi cuerpo una masa pesada y difícil de mover. Me ha invadido la tristeza. Ha habido días en los que las ganas de llorar no cesaban. No podía dejar de llorar. Imposible. No podía. No había forma de que eso parara. Y que otros me vieran llorar ya no era algo que me preocupara. Lo siento, pero no podía. Sencillamente no podía.

He experimentado la más intensa frustración. A ese nivel en el que todo está acabado. No quedaba nada. Absolutamente nada. Sentarse y esperar el fin. Si es que acaso llegaba. Porque ni siquiera quedaban esperanzas para el fin.

He sentido una profunda ira. Una ira que explotaba por dentro. Que hervía la sangre. Que hacía que las mandíbulas se apretaran hasta que dolían. Que llevaba a mis uñas a clavarse sobre las palmas de mis manos encogidas en adoloridos puños. Que incitaba a gritar. Gritar, golpear, liberar toda esa rabia que se arremolinaba dentro de mí. He llegado a golpear los puños contra el suelo. Definitivamente, una ira como nunca antes había pensado que pudiera experimentar.

He tenido miedo. Un miedo escalofriante y aterrador. Una continua amenaza. Una sensación de no estar a salvo. Continuamente al acecho. A la intemperie en un campo de leones y osos salvajes. Expuesta en cualquier momento a ser atacada y devorada por las fieras. Sin ningún lugar donde sentirme a salvo. Sin ningún momento para encontrar descanso. En constante vigilancia. Esperando a cada segundo la llegada de lo peor. A veces, he tenido miedo. Miedo a equivocarme. Miedo a seguir estando sola. Miedo a que eso que siempre he querido ya no exista para mí. Nunca. Y otras veces, las que más, he tenido aún más miedo. Miedo a que esto que llaman etapa, no sea etapa, sino vida.

Y no había forma de controlarlo.

Recientemente he descubierto que hay una forma. He comenzado a investigarla. Pero aún estoy lejos de dominarla por completo. Tuve que empezar de cero. Aprender cómo domar aquella bestia que prometía arreglarlo todo de un zarpazo. Pero que yo sabía sólo causaría aún más daño y más dolor.

Algunos me siguen conociendo como una experta en regulación de emociones. Y puede ser que algo sepa de teorías, pero en la práctica estoy tan perdida como el más novato en el tema. Hoy puedo decir que, por la gracia de Dios, he sobrevivido a las inclemencias de las emociones en varias ocasiones. Y aún hoy me encuentro en zona de huracanes dentro de mí. El miedo. La soledad. La ira. La frustración. Cada cierto tiempo, sin avisar, un huracán se forma dentro y llega precipitadamente con la promesa de destruir tanto como pueda.

No soy ninguna experta. Pero sigo practicando y aprendiendo sobre mansedumbre y humildad. Pese a mi tozudez. Algunas veces con más éxito que otras. Sé que nunca llegaré a dominarlo como el Maestro. Pero quiero seguir aprendiendo. Quiero mantenerme lista esta noche. Algo me dice que es muy probable que una nueva tormenta tropical esté a punto de formarse en el horizonte.

Semana 5.
El ejemplo del Maestro

Día 1. Su respuesta a la angustia

Como te adelantaba al final de la semana pasada, esta semana nos dedicaremos a estudiar el ejemplo de Jesús. El objetivo final será aprender de Él como Él mismo nos insta en Mateo 11:29 sabiendo que así hallaremos descanso para nuestra alma. Estudiaremos concretamente algunos de los sucesos de los últimos momentos de la vida de Jesús, unas horas de verdadero sufrimiento para Él. Mantengamos en mente en todo momento que lo que buscamos son muestras de su mansedumbre y humildad en medio de todo lo que experimentó y sintió durante estas horas. En nuestro tiempo hoy, observaremos a Jesús en una situación de gran angustia, descrita en los evangelios.

Faltaban apenas unas horas para que Jesús fuera torturado y cruelmente asesinado entre burlas y acusaciones totalmente inmerecidas. Las horas siguientes serían las horas más difíciles que alguien podría enfrentar, y Jesús era totalmente conocedor de ello. Abre tu Biblia en Mateo 26:36-45 y lee con atención.

La escena ocurre en Getsemaní, un campo de olivos al que Jesús se retiró a orar.

¿Cómo dice la Escritura que se sentía Jesús?

¿A quiénes escogió para llevarse aparte?

¿Qué les pidió que hicieran?

La angustia de Jesús era real y máxima. A menudo pensamos que Jesús, por el hecho de ser Dios, no sufría de la forma en que nosotros lo hacemos. Pero Jesús era también humano, y como cualquier humano lo habría hecho, se sentía sobrepasado por la situación que estaba viviendo. Lucas, uno de los evangelistas, médico de profesión nos da algunos detalles más de esta angustia en Lucas 22:44. Lee cada detalle de este versículo.

> La angustia de Jesús era real y máxima; Él era también humano.

A primera vista nos puede parecer extraño que Lucas afirme que el sudor de Jesús era como gotas de sangre, pero existe una explicación científica que confirma este hecho. En algunos casos, debido a estados de estrés extremo, los vasos sanguíneos de la piel pueden llegar a congestionarse mezclándose con otros fluidos como el sudor y las lágrimas y salir junto con éstos[1]. No es un fenómeno común, pero sí posible en situaciones extremas, como la que Jesús estaba viviendo. Ahora bien, ¿qué hace Jesús ante esta situación de angustia y tristeza profunda? Notemos que busca compañía de dos formas diferentes: entre sus discípulos y en oración. Analicemos cada una de ellas.

Jesús escoge a Pedro, Santiago y Juan, con los que había compartido más tiempo y experiencias en los años de su ministerio, sus discípulos más cercanos. Los llevó aparte y les explicó cómo se sentía: "Mi alma está muy triste, hasta la muerte; quedaos aquí, y velad conmigo" (Mateo 26:38). No era mucho lo que pedía en una situación tan atormentadora, sólo quería compañía.

La compañía de las personas que queremos resulta de gran aliento cuando pasamos por momentos de dificultad. Si te sientes sola, piensa que no tienes que atravesar por tu situación sin alguien en quien apoyarte. Busca a tu alrededor, pide a alguien que te ayude, que esté contigo cuando estás angustiada, que ore por tu situación. Jesús mismo lo hizo. ¿A quién puedes acudir en estos momentos para que te acompañe?

Sin embargo, debes saber que no siempre las personas que están alrededor sabrán contestar nuestras preguntas, entender nuestro dolor, sostenernos de la forma en que necesitemos, o simplemente estar allí. Los tres discípulos especiales de Jesús no pudieron acompañarle como Jesús les pedía. Cuando Jesús regresó una primera vez, les encontró dormidos.

Fíjate en lo que dijo Jesús (v. 40). ¿A quién se lo dijo?

¿Por qué a él?

Para contestar a esta última pregunta lee un poco más arriba, en el versículo 33 lo que Pedro había dicho a Jesús esa misma noche, apenas unos momentos antes.

Jesús regresó a orar y volvió dos veces más después de ésta. Todas las veces los encontró dormidos. Pedro, Santiago y Juan eran pescadores, hombres fuertes acostumbrados a pasar noches en vela trabajando. ¿Por qué no eran capaces de velar esta noche en la que

---

[1] Holoubek, J. E.; Holoubek, A. B. (1996). «Blood, sweat and fear. "A classification of hematidrosis"». *Journal of medicine* 27 (3–4): 115-33.

Jesús esta vez parecía necesitarlos? No quiero que nos hagamos una idea errónea de que no estaban muy interesados en lo que le pasaba a Jesús. Creo que las palabras de Pedro en el versículo 33 eran muy sinceras. De nuevo Lucas, el médico, nos explica el porqué de su sueño incontenible. Léelo en Lucas 22:45.

Uno de los efectos que puede producir la tristeza es un sueño desmesurado y profundo. Es lo que conocemos como somatización: emociones intensas que provocan reacciones físicas. Las personas estamos condicionadas por este y otros tipos de limitaciones, es por ello por lo que no podemos depender exclusivamente de otros. Es completamente comprensible, e incluso recomendable, buscar apoyo en otros en momentos de dificultad, pero no podemos depender y abandonarnos a ellos de forma exclusiva, porque entonces, además de angustiados, es posible que nos sintamos defraudados.

> Es recomendable buscar apoyo en otros en momentos de dificultad, pero no podemos depender de ellos de forma exclusiva.

Jesús sabía perfectamente esto. Por eso ya no les despertó la segunda vez, y el texto no nos menciona ninguna muestra de frustración al respecto. Jesús pidió compañía a sus discípulos más cercanos, pero no puso en ellos toda la esperanza que tal vez hubiéramos puesto algunos de nosotros. No sé tú, pero yo creo que yo no hubiera actuado de un modo tan gentil y con tanta aceptación. Aprendamos del Maestro. Aprendamos de su paciencia hacia otros en esos momentos en los que no aceptaríamos ser decepcionados. Aprendamos de su trato gentil y comprensivo en lugar de mostrar irritación y frustración. Aprendamos de su aceptación en lugar de decepción. Aprendamos a no esperar más de lo que otros pueden darnos.

El otro lugar al que Jesús acudió fue la oración. En tres ocasiones Jesús se retiró a hablar con el Padre. Sabemos que la primera de ellas duró una hora (v. 40), es posible que la segunda y la tercera hayan sido similares en duración. El tema de la oración fue el mismo en los tres casos: la dificultad de Jesús de pasar por lo que le venía y su deseo de evitarlo, pero el cumplimiento de la voluntad del Padre ante todo. Podemos imaginar a Jesús postrado ante el Padre, en una angustia profunda que le hacía sudar, y en su sudor se mezclaba su sangre debido al estrés extremo que experimentaba.

A veces, cuando estamos angustiados, no sabemos por qué orar, ¿qué podemos aprender al respecto de la oración de Jesús aquí?

Jesús oró durante un buen tiempo. ¿Te has fijado cómo era su oración?, ¿qué dice Lucas 22:44?

"Pero, como estaba angustiado, se puso a orar con más fervor" (Lucas 22:44a, NVI). La oración debe ser aquello en lo que nos apoyemos completamente. A ella sí debemos entregarnos al cien por ciento porque Dios nunca quedará por debajo de nuestras expectativas.

> La oración debe ser aquello en lo que nos apoyemos completamente.

Hay dos últimos puntos que quiero que consideremos en este tiempo de oración que tuvo Jesús. El primero lo encontramos en Lucas 22:43. Búscalo y léelo en tu Biblia.

Ya hemos hablado anteriormente de cómo la oración nos da fuerzas. Y en medio de la angustia profunda, la fuerza es un bien muy valioso.

El segundo aspecto que quiero que consideremos podemos encontrarlo en Mateo 26:41. Léelo con detenimiento.

Jesús les repite esto a los discípulos y regresa a orar. Hemos aprendido durante la semana pasada cómo las emociones pueden tomar el control de nuestras acciones de forma que nos lleven a hacer aquello que no queremos. Nuestro paso por situaciones de dificultad está cargado de emociones negativas muy intensas que se traducen en la caída en la tentación. Jesús lo sabía muy bien. Sabía que se acercaban momentos duros para todos, y sabía que las emociones necesitaban ser puestas ante Dios. Cuanto más angustiado, más fervorosa la oración (Lucas 22:44). Esta es la forma en la que Jesús actuó ante la angustia, y es la forma en la que también se preparó para la angustia mayor que aún estaba por venir. Te espero mañana para continuar siguiendo los pasos del Maestro en el lugar donde los dejamos hoy.

Día 2. Su respuesta a la traición

Ayer dejamos al Maestro en el jardín del Getsemaní con tres de Sus discípulos. Una vez que Jesús ha terminado de orar, después de una larga e intensa velada, vuelve junto a Sus discípulos y les despierta. Continúa la lectura en Mateo 26:46-56.

En el versículo 46, ¿qué les dice Jesús a Sus discípulos cuando les despierta? ¿Quién es el que viene?

En realidad, viene mucha más gente: una gran multitud compuesta por principales de los sacerdotes y ancianos del pueblo, todos ellos con espadas y bastones. Y entre ellos viene también Judas. ¿Por qué crees que Jesús sólo menciona a Judas?

Jesús se refiere a Judas en dos ocasiones en este pasaje. La primera cuando anuncia su llegada a los otros discípulos (v. 46). En esta ocasión lo llama _____ . La segunda, cuando le habla directamente a él (v. 50). Aquí se refiere a él como _____ . ¿A qué crees que se debe esta diferencia?

Sinceramente, me impresiona la palabra "amigo" en este contexto. Su *amigo* acaba de darle un beso, como bien podría hacer un amigo en señal de cariño. Pero este no era un beso para mostrar afecto. Era una herramienta de traición (v. 48). Judas no está mostrándose en realidad como amigo, y Jesús lo sabe, de hecho, acaba de anunciar a sus discípulos que *se acercaba el que le traicionaba*. Y, sin embargo, Jesús recibe ese beso traicionero, le llama amigo, y más aún, le trata como a un amigo. No puedo evitar imaginar a Jesús pronunciando las palabras "¿a qué vienes?" (v. 50) con suavidad, gentileza, bondad, como creo que Jesús las pronunció.

Algún tiempo antes, y en presencia tanto de Judas como del resto de los discípulos, Jesús había hablado de algo que vemos claramente reflejado en este texto que acabamos de leer. Dediquemos unos minutos a leer un pequeño fragmento del Sermón del Monte en Mateo 5:44-48.

¿En qué sentido vemos reflejadas las palabras de Jesús en Mateo 5 en sus propias acciones narradas en Mateo 26?

A diferencia del beso de Judas, que no tenía el significado afectivo que tienen los besos, la palabra "amigo" pronunciada por Jesús es totalmente sincera y lleva en sí su completo significado original.

Jesús decidió amar a Judas aun cuando había conspirado contra Él, decidió tratarle gentilmente cuando vino acompañado de una gran multitud armada con espadas y bastones, decidió llamarle amigo cuando recibió de su parte un beso que lo entregaba a sus asesinos. Pero en realidad esta elección había empezado mucho antes, cuando decidió escogerlo como parte de los doce, cuando caminó junto a él día tras día, cuando compartió con él lo que el Padre le había revelado. Nunca le hizo aparte, nunca le trató mal, siempre lo consideró como a uno de los doce, siempre fue su amigo, a pesar de que siempre supo lo que ocurriría después.

Volvamos un poco atrás en el tiempo. En una ocasión en que Jesús estaba reunido con los doce, Jesús hace ya mención a la traición, que ocurriría mucho después. Abre tu Biblia en Juan 6:70-71 y lee las palabras ahí escritas.

Jesús escogió a Sus doce discípulos. Judas incluido. Esa fue Su decisión. De entre todas las personas que había alrededor, Jesús decidió que Judas fuera amigo Suyo, y uno de Sus discípulos más allegados. Y así lo mantuvo fielmente hasta el final. No porque el modo de comportarse de Judas condujera a ello o hiciera que él así lo mereciese. Sino porque Jesús lo eligió así.

¡Qué difícil es amar a aquellos que nos han herido! No importa cuán cercano a nosotros sea. Si alguien nos hace daño, nos sentimos en todo nuestro derecho a tratarlo mal y echarlo fuera de nuestra vida. A veces nos justificamos a nosotros mismos diciendo "yo perdono, pero no olvido". El ejemplo de Jesús es muy diferente, sus enseñanzas lo son también.

> A cualquiera que te hiera en la mejilla derecha, vuélvele también la otra; y al que quiera ponerte a pleito y quitarte la túnica, déjale también la capa; y a cualquiera que te obligue a llevar carga por una milla, ve con él dos. Al que te pida, dale; y al que quiera tomar de ti prestado, no se lo rehúses. (Mateo 5:39b-42)

Subraya en el texto anterior los mandatos que Jesús ordena hacia aquellos que no nos hacen bien.

A continuación, vuelve a leer los versículos que siguen (Mateo 5:43-45) y contesta a la siguiente pregunta:

¿Cuáles son los imperativos que se mencionan aquí? Escríbelos a continuación:

No se trata de que nos dejemos golpear y pisotear por aquellos que quieren lastimarnos. ¡De ninguna manera! Pero tampoco de que avivemos la lucha (Proverbios 9:7). Se trata de que nuestra actitud hacia ellos sea positiva y refleje el amor de Jesús. Si Dios hace salir el sol y proporciona agua, y con ello vida, tanto a todos aquellos que han decidido seguirlo como a los que se oponen a Él, ¿qué nos hace pensar que alguien debe ganarse nuestro amor para recibirlo? Nosotros hemos sido llamados a reflejar el amor de Dios a todos, independientemente de cuál sea su trato hacia nosotros; y a seguir los pasos de Jesús, siendo como el Padre. Y una manifestación de este amor es ese último mandato que encontrábamos en boca de Jesús: "orad por los que os ultrajan y os persiguen" (v. 44). Jesús oró por sus discípulos en repetidas ocasiones, y entre ellos estaba también Judas.

> Hemos sido llamados a reflejar el amor de Dios a todos, independientemente de cuál sea su trato hacia nosotros.

Entendemos por traición un abuso a la confianza depositada en alguien. Supone romper la fidelidad o lealtad hacia una persona. Puede ser de muchas diferentes formas, un engaño, una estafa… Cuando alguien nos traiciona, podemos apartarlo de nuestro lado y alejarlo dando rienda suelta a nuestro desprecio, nuestro rechazo, o incluso nuestro odio. O podemos escoger amar, ser gentiles y obrar con mansedumbre. La diferencia es abismal.

Una de las respuestas más comunes y sanas a la traición es el establecimiento de límites. Cuando alguien ha abusado de nuestra confianza, ponemos un límite hasta donde no puede volver a pasar. No creo que hay absolutamente nada de incorrecto en ello, de hecho, en ciertas ocasiones es incluso recomendable. Es nuestra forma de protegernos. Sin embargo, Jesús renunció incluso a esos límites. Conocía las intenciones de Judas desde el principio, y nunca estorbó sus planes, le dejó incluso la puerta abierta para ellos (Juan 13:27). Jesús se expuso a la traición, que en su caso era necesaria para el cumplimiento de su propósito.

Sabemos que Pedro era uno de los discípulos más impulsivos. En el momento en el que Judas se acercó con la multitud, no dudó en sacar su espada y arremeter contra el siervo del sumo sacerdote (Juan 18:10). Es muy fácil reaccionar de este modo u otro similar cuando nos sentimos atacados o heridos por otra persona. Nuestro primer impulso es la defensa y el ataque. Nuestras emociones nos llevan a actuar de esta manera.

Jesús detuvo a Pedro de inmediato y sanó la herida del siervo (Lucas 22:51). Lo que no es fácil es mantener la calma y obrar serena y mansamente como lo hizo Jesús. Es cierto que Jesús es Dios mismo, pero eso no significa que no experimentase las mismas luchas que experimentamos tú y yo cada día. Ayer mismo vimos como lo afligían sus emociones tanto o más que nosotros nos afligen las nuestras.

¿Recuerdas en qué actitud pasó Jesús la mayor parte del texto de ayer? ¿Crees que eso pueda tener algún efecto en el episodio de hoy?, ¿en qué sentido?

El fragmento de hoy comenzó después de que Jesús hubo terminado de orar (Lucas 22:45). Jesús dedicó un buen tiempo a prepararse porque sabía que lo que venía no sería fácil. Jesús necesitó varias horas ante el Padre para hacer frente a su situación. Tal vez esto ayude a entender por qué yo no soy capaz de tratar como amigo a quien me ha traicionado y engañado, o por qué me resulta tan difícil orar por quien ha ocasionado la desagradable situación que estoy viviendo en estos momentos.

Sí, amiga, la traición duele. Duele profundamente. Si has recibido la traición de alguien en quien confiabas, seguramente te estás preguntando cómo ha podido ocurrir esto. Cómo esa persona en la que confiabas plenamente ha podido actuar así. Vivimos en un mundo caído, así que este tipo de circunstancias no deberían sorprendernos en absoluto. Pero piensa algo, esa traición no es sólo contra ti. Como pecado, es una traición contra Dios. Tú te sientes dolida, eso es innegable y completamente comprensible. Pero Dios ha decidido perdonar, y mantenerse fiel a esa elección que hizo algún tiempo atrás. ¿Qué decides tú? Recuerda que no se trata de lo que esa persona merece o no merece. Se trata de lo que tú escoges en esta situación.

> Igual que la traición cometida contra ti es pecado, tu reacción a ella puede serlo también.

Igual que la traición cometida contra ti es pecado, tu reacción a ella puede serlo también si te dejas llevar por tu humanidad. Tal vez sea este un buen momento para observar al Maestro y recordar el versículo que nos hizo adentrarnos en el estudio de esta semana (Mateo 11:29).

Finalizaremos la sesión de hoy reflexionando en las palabras que Pedro escribió algún tiempo después de que presenciara el suceso que hoy hemos estudiado.

> Finalmente, sed todos de un mismo sentir, compasivos, amándoos fraternalmente, misericordiosos, amigables; no devolviendo mal por mal, ni maldición por maldición, sino por

el contrario, bendiciendo, sabiendo que fuisteis llamados para que heredaseis bendición. Porque: El que quiere amar la vida y ver días buenos, refrene su lengua de mal, y sus labios no hablen engaño; apártese del mal, y haga el bien; busque la paz, y sígala. Porque los ojos del Señor están sobre los justos, y sus oídos atentos a sus oraciones; pero el rostro del Señor está contra aquellos que hacen el mal. (1ª Pedro 3:8-12)

Día 3. Su respuesta al abandono y la soledad

Ayer dejamos nuestro estudio en el momento en el que Jesús, después de haber sido traicionado por Judas, es arrestado. Volvamos al final de la lectura de ayer y deparemos en la última frase: "Entonces todos los discípulos, dejándole, huyeron" (Mateo 26:56b). Todos se van. De repente Jesús está solo. Puede que estés pensando que este abandono fue doloroso, yo estoy segura de que lo fue, pero sigamos leyendo, porque aún se pone peor. Dediquemos unos minutos para leer en Lucas 22:54-62.

No tenemos muchos detalles de cómo vive Jesús la negación de Pedro. Solemos leer este pasaje pensando en cómo lo vivió Pedro, pero rara vez analizamos la perspectiva de Jesús. Sabemos que Jesús está dentro de la casa del sumo sacerdote. Mientras, Pedro espera fuera, en el patio, queriendo saber qué ocurrirá con Jesús, pero manteniendo cierta distancia.

Marcos nos describe qué fue lo que ocurrió dentro de la casa del sumo sacerdote mientras Pedro esperaba en el patio (Marcos 14:53-65). Unas setenta personas estaban allí reunidas, muchas de ellas acusando a Jesús con mentiras. Los testimonios no coincidían, así que la decisión del consejo no podría ser dictaminada. Finalmente, en medio de lo que suponía una situación exasperante, que no conducía a ningún lado y que se alargaba en el tiempo, el sumo sacerdote decide preguntar directamente al acusado. Lee Marcos 14:60-64 y responde estas preguntas:

¿Qué le pregunta el sumo sacerdote a Jesús?

¿Qué contesta Él?

¿En qué finaliza este breve interrogatorio?

Seguidamente, por si las falsas acusaciones y la desagradable discusión presenciada sobre su culpabilidad fuese poco, comienzan las burlas. Lee el versículo 65 a continuación. Haz una lista de las diferentes ofensas que recibe Jesús y escribe junto a ellas qué piensas que representa cada una ¿Cuál crees que sería la más humillante?

Le escupen, le vendan lo ojos y le dan puñetazos pidiéndole que adivine quién lo ha hecho, después continúan abofeteándole. Y Jesús está completamente solo en medio de setenta hombres que se sienten con la suficiente superioridad para hacerle sentir miserable. Los amigos de Jesús ya no están a Su lado. Aquellos que habían prometido acompañarle hasta la muerte (Marcos 14:31), apenas habían aguantado unas horas a Su lado, hasta el momento en que apenas empezaron a surgir los problemas.

Justo en ese momento, en el momento en el que Jesús es expuesto ante las burlas y ofensas de un buen grupo de hombres, uno de sus mejores amigos está negando cualquier relación que pueda tener con Él. Jesús es plenamente conocedor de ello. Sabe que, al otro lado de los muros que le rodean, Pedro trata de hacer creer a los presentes que no tiene absolutamente nada que ver con Él.

Observa las tres respuestas que da Pedro en Lucas 22:56-60. Escribe a continuación cuáles son las tres afirmaciones que negó Pedro.

1.
2.
5.

Me pregunto qué sería más doloroso para Jesús en ese momento: el desprecio y las agresiones de quienes querían verle muerto, o el abandono y la negación de quienes se hacían llamar sus amigos. Sospecho que muy probablemente lo segundo.

¿Qué ocurre en Lucas 22:61? Trata de imaginar la expresión en el rostro de Jesús, ¿cómo crees que sería?

Posiblemente, justo en ese momento el consejo en la casa del sumo sacerdote había terminado y estaban sacando a Jesús para llevarlo al sanedrín. Jesús cruzó el patio en donde estaba Pedro. El gallo acababa de cantar. ¿De qué se dio cuenta Pedro en ese momento? (vv. 33, 34 y 61)

Pero Pedro no era el único discípulo que estaba en el patio del sumo sacerdote en esos momentos. Lee Juan 18:15 y 16. ¿Quién más estaba con él?

Si dudas en tu respuesta, te diré que el *otro discípulo* es el mismo que escribe esas palabras.

Sin embargo, aunque tanto Pedro como Juan están en el patio cuando Jesús vuelve a aparecer en escena, Lucas menciona que "el Señor se volvió y miró directamente a Pedro" (Lucas 22:61a, NVI). Muy probablemente, si se tratara de mí en una situación ligeramente similar, el texto que lo relatase diría algo así como "Entonces, Débora se volvió y lanzó una mirada llena de rencor con gran desaprobación". Pero sinceramente, no creo que Jesús haya actuado así.

Otra de nuestras formas de actuar en estos casos suele ser también la de ignorar al otro. Puesto que nos han negado, la respuesta más acorde a nuestro orgullo es la de responder con algo similar y alzar la cabeza y apartar la mirada como si el otro no estuviera ahí o no nos hubiéramos percatado de su presencia. Pero Jesús *se volvió y miró directamente a Pedro*. Fue una acción intencional y totalmente deliberada. Jesús podría haber mirado a Juan y haber ignorado a Pedro, haciéndole saber así cuán desacertada había sido su actuación y cuán dolido estaba con ello. Pero Jesús, en cambio, busca mirar a Pedro, aquel que acaba de fallar a su promesa, recordándole su conversación anterior. Y con esta mirada, Jesús reafirma la relación que aún hay entre los dos. Esa mirada es, en efecto, la que hace que Pedro recuerde lo que Jesús le había dicho antes, y es la que hace que Pedro caiga en la cuenta de lo que acaba de ocurrir, lo que le lleva a llorar amargamente (v. 62).

¿Qué cualidades de Jesús crees que necesitaríamos integrar en nuestra vida para que nuestras respuestas hacia otros sean más como las Suyas?, ¿cómo podemos hacerlo?

Regresemos a esa conversación previa que Jesús y Pedro habían tenido, y a la que Jesús le estaba haciendo volver con su mirada. Busca en tu Biblia Lucas 22:31-34.

¿Qué iba a ocurrir con los discípulos?

¿Qué había hecho Jesús con respecto a Pedro?

¿Qué debía hacer Pedro?

Jesús sabía de sobra que los discípulos le abandonarían. Sabía que Pedro le negaría tres veces. Pero eso no significaba que iba a dejar de contar con ellos. Aún en medio de la soledad, Jesús contaba con que sus discípulos hicieran su parte después, cuando todo hubiera pasado. Y había estado orando por ello.

Jesús no dejó que sus sentimientos de soledad se convirtieran en amargura, rencor o resentimiento hacia aquellos que no habían sabido estar cuando necesitaba de su apoyo. Jesús entendió que no siempre se puede esperar que los demás actúen de la forma en que nosotros esperamos o nos gustaría. Y estuvo dispuesto a reafirmar esa relación aun cuando estaba fallando del otro lado, a pesar de que esto le provocaba gran dolor.

> No siempre se puede esperar que los demás actúen de la forma en que nosotros esperamos o nos gustaría.

¿Es necesario recordar en qué empleó Jesús una buena cantidad de tiempo antes de ser arrestado? Los sentimientos de soledad, rechazo y abandono pueden provocar en nosotras respuestas no adecuadas y contraproducentes. Busquemos a través de la oración la compañía de Dios. En ciertos momentos de nuestra más profunda angustia, nos sentiremos completamente solas. Estemos preparadas para ellos sosteniéndonos fuerte en Aquel que jamás nos abandonará.

Día 4. Su respuesta a la provocación y la ofensa

A medida que avanzan las horas en esta última noche en la vida de Jesús, Su situación se hace más dolorosa. Hoy observaremos de cerca la reacción de Jesús ante la actuación de las autoridades. Comencemos leyendo en Lucas 23:1-25.

¿Cuál es la acusación con la que llevan a Jesús ante Pilato?

¿Por qué Pilato lo envía a Herodes?

¿Por qué Herodes lo manda de vuelta a Pilato?

¿Cómo trata Pilato de evitar condenar a Jesús?

¿Cuál es su sentencia final?, ¿por qué?

Pilato recibe a Jesús, pero no le ve merecedor de muerte. Tratando de evitar la responsabilidad de realizar esa decisión, opta por enviarlo a Herodes. Herodes era su rival, que se encontraba en Jerusalén para la celebración de la Pascua en esos momentos. Herodes recibe a Jesús con mucha curiosidad, pero a pesar de su deseo, tampoco encuentra motivos suficientes para condenarlo. De modo que lo envía de nuevo a Pilato.

Durante todo el proceso, vemos dos características principales. Por un lado, las preguntas provocadoras de los gobernantes y las acusaciones de quienes los rodean. ¿Cuáles crees que eran sus intenciones con todo esto?

[   ]

¿Por qué?

[   ]

Por otro lado, tenemos a Jesús, escuchando lo que otros dicen de Él, pero sin hacer ningún intento por defenderse. ¿Cuál fue Su respuesta más característica en todo momento?

[   ]

No sé en cuantas ocasiones te has encontrado en una situación en la que se te acusaba de algo que no era cierto. Este tipo de situaciones provocan en nosotros una exasperación tal que es prácticamente imposible quedarnos callados y no alterarnos. Precisamente eso fue lo que llamó la atención de Pilato. Lee en Mateo 27:13 y 14.

Jesús tenía un dominio de sus emociones tal que era posible para Él mantenerse tranquilo y sin reaccionar alteradamente en una situación en la que la mayoría de nosotros hubiéramos encontrado normal que lo hiciera. Recuerda el versículo de Mateo 11:29. ¿Cuál de las características que ese versículo menciona de Jesús vemos reflejada en esta escena?, ¿de qué forma se refleja?

[   ]

La mansedumbre es una de esas cualidades que parecen fáciles de alcanzar cuando todo está en calma, pero que se reflejan en realidad en medio de las grandes tormentas de la vida. Requiere entrenamiento constante, pero, sobre todo, que la tengamos preparada para aparecer en el momento de la verdad, que suele ser un momento intenso y sin previo aviso.

Las preguntas de Herodes y las acusaciones de los sacerdotes y maestros de la ley (Lucas 23:9 y 10) debieron llegar a límites que seguramente muchos de nosotros habríamos encontrado insoportables. Pero después llegaron también las burlas y las ofensas. Lee Mateo 27:27-31 para ver más detalles.

> La mansedumbre es una de esas cualidades que se reflejan en realidad en medio de las grandes tormentas de la vida.

¿En qué consistían las burlas de los soldados?

Tanto a las acusaciones como a las burlas, Jesús respondió con la misma mansedumbre. Él era el mismo Dios. Si cuando alguien nos ofende y se burla de nosotros solemos pensar que no somos merecedores de ello, ¡cuánto más Jesús! Pero esto no fue una razón para que abandonara su actitud serena y de resignación.

¿Cuáles crees que son los beneficios de responder con mansedumbre?

> La mansedumbre tiene mucho que ver con el autocontrol y la sabiduría.

Habitualmente pensamos en la mansedumbre como un sinónimo de debilidad o apocamiento. En realidad, la mansedumbre tiene mucho que ver con el autocontrol y la sabiduría. Reprimir la ira y no dejar que nuestro enfado actúe por nosotros es conveniente en muchas circunstancias. Sin embargo, no siempre debemos ocultar nuestro enojo. Jesús mismo mostró su enfado en más de una ocasión (p. ej. Juan 2:15 y 16). Saber en qué ocasiones mostrar nuestra ira o mantenernos mansos es algo que debe determinar nuestra sabiduría. A una persona que se mantiene cerca de Dios, lee Su Palabra y tiene una relación diaria con Él, esta tarea le resultará seguramente menos complicada. Lee Gálatas 5:22 y 23 y trata de establecer una relación entre esta última frase y lo que dice la Biblia en este pasaje. Escribe tu respuesta a continuación:

Uno de los acontecimientos por los que más conocido es Pilato a día de hoy es por haberse lavado las manos antes de condenar a Jesús a morir crucificado. Leámoslo en Mateo 27:24.

¿Qué significaba esta acción?, ¿por qué Pilato se lavó las manos?

Tanto la conducta de Pilato como la de Herodes, al tratar de eludir su responsabilidad, denotan un gran grado de indiferencia. Tenían en sus manos la muerte de un inocente, pero no les importó demasiado hacer justicia. Lo que en realidad querían era quitarse la responsabilidad de encima independientemente de cómo acabase el asunto. Pilato estuvo dispuesto a enviar a Jesús a ser azotado de forma ilegal si con eso se le liberaba de tener que tomar la decisión de la condena (Lucas 23:22). Las palizas de los romanos eran cruentas, más que a las que acostumbraban los judíos, y en muchas ocasiones lo reos morían en ellas, sin que llegasen a ser crucificados.

Aun así, en medio de estas circunstancias, la indiferencia de los gobernantes, la falta de compasión del pueblo que se mostraba incomprensiblemente enemigo hasta el extremo, las burlas de los soldados y la injusticia que se cometía hacia Jesús; Él mantuvo su mansedumbre. En ningún momento dio una sola muestra de ira. En ningún momento se quejó. No trató de discutir las falsas acusaciones. No quiso defenderse ante quienes lo injuriaban. No osó despojarse de ese manto y esa corona con los que se burlaban de Él. Optó por mantenerse humilde y manso hasta el final. Aprendamos del Maestro.

Día 5. Su respuesta ante el dolor extremo

Nos acercamos al momento de máximo dolor en la vida de Jesús: sus últimas horas. En los pasajes que analizaremos hoy veremos situaciones de dolor extremo tanto en el aspecto físico, como emocional, e incluso espiritual. Jesús sufre una de las más crueles torturas que una persona puede soportar. Se trata de un nivel de dolor y de agotamiento físico que le lleva a la muerte. Unido a ello no podemos olvidar el desprecio, las burlas y las ofensas de aquellos que le rodean. Su situación es extrema. Su dolor es profundo en todos los sentidos.

Vamos a continuación a hacer una lista de todas las frases que Jesús pronunció durante sus últimas horas en la cruz. Debido a que se trata de siete intervenciones, es lo que se ha llamado *las siete palabras*. Escribe cada una de estas frases a continuación:

1. Mateo 27:46

2. Lucas 23:34

Expresión de compasión y amor

3. Lucas 23:43

4. Lucas 23:46

Expresión de sufrimiento

5. Juan 19:26 y 27

6. Juan 19:28

Expresión de cumplimiento de Su misión

7. Juan 19:30

A continuación, fíjate en las tres categorías que he colocado justo a la derecha de tu lista de las siete palabras. Considera si cada una de las expresiones que has escrito puede categorizarse dentro de alguna de estas categorías y únelas con una línea. Intenta unir cada expresión con a una de las tres categorías.

Una vez hecho el análisis, ¿cuál es la categoría para la que has encontrado más expresiones? Si tus resultados son como los míos, habrá poca diferencia entre los números, pero me sorprende cuánta compasión y amor expresó Jesús en unos momentos como esos.

Yo no sé tú, pero cuando me encuentro en situaciones delicadas, estoy demasiado ocupada conmigo misma como para tener que ocuparme en los problemas de los demás. Puedes pedirme que ore por ti si lo necesitas, pero... asegúrate primero de que las cosas me van bien, si no, es muy probable que se me olvide.

Jesús había sido cruelmente azotado, había tenido que hacer hasta el momento un enorme esfuerzo físico sin haber tenido descanso. Se encontraba con el cuerpo agarrado con clavos a una cruz. Todo Su cuerpo estaba adolorido. Cada respiración dolía, le costaba un enorme esfuerzo físico. Su sangre, toda Su sangre, abandonaba lentamente Su cuerpo. Una multitud de personas observaban Su sufrimiento como un entretenimiento del que disfrutaban. Y en medio de ello, sabiendo que el dolor no se detendría ni un segundo, Jesús se dedicaba a amar a cuantos tenía alrededor, como había hecho siempre.

> Padre, perdónalos, porque no saben lo que hacen. (Lucas 23:34b)

¿De quién habla Jesús aquí?

¿De hacer qué debe perdonarlos?

¿Por qué le pide que les perdone?

Jesús está orando por aquellos que han ocasionado Su sufrimiento. Es difícil perdonar cuando se está todavía en medio del dolor. Normalmente es más fácil centrarnos en la conducta de los demás que en la nuestra propia. Nos fijamos en lo que otros están haciendo y en el error que están cometiendo.

Lee los siguientes versículos y trata de determinar cómo debe ser nuestra actitud ante la conducta de quienes nos lastiman:

Proverbios 9:7 y 8;   Mateo 5:39 y 40;   1ª Corintios 6:7

> Normalmente es más fácil centrarnos en la conducta de los demás que en la nuestra propia.

Personalmente creo que nuestro principal y más natural error en los momentos en los que estamos siendo lastimados por otros es centrarnos en lo que la otra parte está haciendo mal y el dolor que nos causa. A menudo, olvidamos pensar en nuestra propia conducta, y muchas veces, también habría razones para criticarla duramente. De cualquier modo, sea como sea la situación, y aunque nuestras acciones hayan sido adecuadas ante un trato injusto, analizar la forma en la que reaccionamos es lo más conveniente.

¿Qué dice al respecto Romanos 12:17-21?, ¿cuál debería ser nuestra conducta?

De cierto te digo que hoy estarás conmigo en el paraíso. (Lucas 23:43)

¿A quién le dice Jesús estas palabras?

¿Por qué se las dice?

¿Qué significan?

Estamos muy acostumbrados a que nuestro propio mundo gire alrededor de nosotros mismos. De forma que cuando algo no va bien en nosotros, ya no sentimos la responsabilidad de *funcionar* correctamente. Solemos justificar que cuando no nos sentimos bien emocionalmente no tenemos que responder de forma adecuada a otras personas. Pensamos que es comprensible que nos mostremos malhumorados o airados. Igualmente, justificamos no adorar a Dios cuando no sentimos el deseo de hacerlo. Ninguna de estas afirmaciones está respaldada por la Biblia.

> Jesús antepuso la obra del Padre a cualquier condición propia.

El ejemplo de Jesús en esta circunstancia es que Él antepone Su misión y la obra del Padre por encima de cualquier condición propia. Su misión en la tierra no ha terminado, y aunque Sus circunstancias no son precisamente las más favorecedoras en esos momentos, lo primero, sigue siendo lo primero. No parece que el dolor y la injusticia que Jesús está padeciendo en este momento sea lo primero para Él ahora. Su misión en la tierra y el cumplimiento del plan del Padre son lo más importante.

En momentos de dolor y dificultad, ¿cómo se ve afectado tu servicio a Dios?, ¿cómo se ve afectada tu devoción y adoración al Padre?

> Mujer, he ahí tu hijo. [...] He ahí tu madre. (Juan 19:26b y 27b)

¿A quién le dice Jesús estas palabras?

¿Qué pretende Jesús con ello?

Jesús es también sensible a las necesidades de los suyos en medio de su padecimiento. Su marcha dejaría un vacío tanto en su madre como en su discípulo más cercano. Estas palabras tratan de llenar esos vacíos de forma mutua.

Su propio dolor no permitió que Jesús fuera ajeno al dolor de los que le rodeaban. Fue incluso capaz de anteponerse a necesidades que aparecerían a continuación. Por mi propia experiencia puedo decir que mi dolor causa en mí una especie de ceguera que me impide detectar las necesidades de aquellas personas que están alrededor mío. Tengo que hacer un esfuerzo grande por abrir los ojos y reconocerlas.

> Su propio dolor no permitió que Jesús fuera ajeno al dolor de los que le rodeaban.

¿De qué forma crees que puedes ser tú sensible y preocuparte por las necesidades y el dolor que están padeciendo en estos momentos aquellos que te rodean?

¿Se te ocurre alguien por quien puedas detenerte y orar en este momento? ¡Hazlo!

Jesús nos muestra en sus últimas horas en la cruz cuánto amor y compasión había dentro de su corazón. Su propio sufrimiento no permitió que estas manifestaciones se vieran alteradas. Regresemos a nuestro versículo clave esta semana: Mateo 11:29. ¿Cuál de las características de Jesús que menciona este versículo crees que está más relacionada con lo que hemos estudiado hoy?

¿Por qué?

¿Cómo puedes desarrollar esa característica? Escribe al menos tres aspectos prácticos que puedas trasladar a tu vida:

1.
2.
3.

Querida amiga, llegamos al final de este estudio. Quiero darte las gracias. Gracias por acompañarme y dejarme aprender a tu lado. Ha sido para mí una experiencia intensa, pero muy gratificante. He aprendido mucho bajo esta lluvia. Tengo mucho que seguir practicando y recordando. Ha sido fascinante ver cómo Dios camina a mi lado y pone a otros cerca de mí en este viaje que es la vida. Me ha encantado aprender de modelos tan remarcables como los que la Biblia pone a nuestro alcance. Ha sido un enorme privilegio ver al Maestro en acción, bajo esa lluvia…

Puede que este estudio finalice aquí y nuestro tiempo juntas también. Pero probablemente la lluvia continúe. Vuelve a estas páginas cuando lo consideres conveniente. Estaré encantada de volver a acompañarte. Pero, sobre todo, mantente firme y no temas. Sigue corriendo la carrera de la fe. Sigue aprendiendo del Maestro. Espero encontrarte al final del camino, cuando todo haya pasado. Cuando me veas, ven a saludarme, me encantará abrazarte, sea cual sea la forma en que se abrace en el lugar en el que nos encontremos, y ver estas preciosas hojas verdes que esta lluvia hizo crecer en ti. Te enseñaré también las mías.

Bajo esta lluvia

Oh, Jesús, ayúdame a seguir tu ejemplo. Espíritu Santo, que moras dentro de mí, sigue proporcionándome el consuelo y la fuerza para continuar adelante. Padre, sigue trabajando en ese futuro de esperanza que tienes para mí. Sigue dirigiendo mis pasos y dame sabiduría para no abandonar la senda que me lleva a él.

Permíteme absorber estas gotas de lluvia que caen torrencialmente sobre mí. Ayúdame a aprovecharme de ellas y sacar el máximo beneficio de esta situación. Si tengo que pasar por esto, que al menos, cuando haya terminado, haya servido para algo. Usa esto para tu bien. Haz que, a través de mi vida, Tú seas glorificado. Usa mi vida, Señor, úsala.

Haz que pueda atravesar la densa capa de tierra que me cubre. Que esta lluvia que ahora me ahoga se convierta en la fuerza y energía que necesito para salir de aquí. Hazme crecer, hazme avanzar entre el barro. Permíteme salir a la superficie, haz que pueda ver de nuevo la luz del Sol. Déjame alimentarme de ella. Quiero seguir creciendo, seguir avanzando en dirección al Cielo. Quiero alcanzar mis estrellas, aquellas estrellas que prometiste para mí.

Hazme brotar, Señor. Que de mí salgan hojas nuevas. Que mi vida reverdezca. Que las tiernas hojas del inicio de la primavera surjan y crezcan en mí, que se hagan fuertes y me hagan llegar Tu alimento. Lléname de Ti. Haz que la savia fluya dentro de mí, que se reactive la vida en mi interior. Que esas hojas respiren por mí, que recojan el oxígeno del aire límpido del atardecer y la frescura del rocío de la mañana. Lléname de vida. Lléname de Tu vida.

Quiero florecer. Quiero que Tu belleza se manifieste a través de quien soy y de lo que hago. Quiero que Tu ser me inunde por completo y que se haga evidente en mi vida. Haz que se formen capullos en mí, que poco a poco sus pétalos se desarrollen y se abran, quiero que le enseñes a mi mundo alrededor de Tu poder y Tu belleza. Señor, sé evidente en mi vida, que todos puedan ver Tu bondad y grandeza, que no haya ninguna duda de la misericordia que has tenido para conmigo. Padre, permíteme el enorme privilegio de portar Tu magnificencia. Pero sé Tú, y no yo, quien reciba toda la honra.

Y hazme llevar fruto. Quiero trabajar y llevar sobre mí la carga de una buena y abundante producción. Quiero ser partícipe del crecimiento del fruto desde su incipiente formación. Quiero alimentarlo con quien soy. Quiero hacerlo crecer y engordarlo. Quiero cuidarlo y protegerlo. Quiero que madure sobre mí el tiempo señalado, hasta que esté listo y llegue el momento en que lo recojas. Quiero estar a Tu servicio una temporada, y después otra. Hasta que mi tiempo en la tierra haya finalizado.

Tuya soy, y en Tus manos me pongo. Porque he entendido, por fin, que nada soy fuera de ellas. Y porque tienen todo lo que necesito y deseo. Utiliza este tiempo de lluvia. Utiliza cada gota que me empapa. Utiliza el viento y las condiciones que, durante tanto tiempo, tanto me han aterrado. Y hazme crecer. Hazme crecer en Ti. Tuya es la gloria, Padre, por los siglos de los siglos. Amén.

Preguntas para la reflexión

Semana 1. Cuando todo se hace pedazos

Esta semana vimos como Dios no es ajeno a la situación que atravesamos. Vimos también como Dios puede obrar en nuestras vidas y transformarnos a través de nuestras experiencias para cumplir en nosotros los pensamientos que tiene para nuestra vida. Sólo tenemos que mantenernos fieles y confiar en Él.

En primer lugar, haz un pequeño repaso por las páginas correspondientes la primera semana y relee tus propias notas y aquellos aspectos que más te han impactado durante estos días.

Como aprendimos durante estas cinco sesiones, las situaciones por las que atravesamos no son para que nos quedemos derrotadas y abandonadas como un montón de huesos secos. Son una oportunidad para que Dios trabaje en nosotros y nos prepare para esos pensamientos que tiene acerca de nuestra vida.

¿Cómo crees que esta situación puede mejorar tu persona y tu relación con Dios?

¿Cómo crees que lo que te está tocando vivir podría resultar en bendición para ti misma y para otros?

También estudiamos cómo necesitamos tener fe y confianza en Dios para que Él obre algo grande con esta situación. Nos pide además que no tengamos miedo y que nos mantengamos firmes.

¿Hay algo que te impide tener fe?, ¿qué es?

¿Cómo puedes fomentar tu fe y confianza en Dios?, ¿qué vas a hacer para conseguirlo?

¿Qué pensamientos erróneos sobre tu situación tienes que desechar?

¿Cuáles son tus miedos?

¿Qué puedes hacer para mantenerte fiel en la situación que estás atravesando?

¿Hay algún texto de la Biblia que te haya impactado especialmente durante la semana?

Semana 2. Mantente firme

Mantenernos firmes en la fe ha sido el objetivo en el que hemos estado trabajando a lo largo de esta semana. Sabemos que Dios quiere obrar a nuestro alrededor. Sin embargo, nosotros tenemos que hacer nuestra parte.

Haz un breve repaso por las páginas que leímos esta semana y realiza algunas notas de algunas de las ideas principales que más han llamado tu atención a lo largo de la semana.

Dedica unos minutos a observarte y analizar todo lo que hemos aprendido. Hemos hablado de que nuestras circunstancias no son ninguna excusa para dejar de mostrar el amor de Dios y darle gloria con nuestra vida iluminando a nuestro alrededor.

Sea cual sea la situación por la que pasemos estamos llamados a mantenernos firmes y correr la carrera de la fe. Pero como aprendimos, en la carrera de la fe hay muchos obstáculos que pueden ser perjudiciales y hacernos no llegar a la meta. Necesitamos identificarlos y trabajar en ellos para asegurarnos de que seguimos corriendo de la forma adecuada.

¿Hay algo que te obstaculiza en tu carrera de la fe?

¿Qué pecados te impiden avanzar?, ¿cuáles son las tentaciones que Satanás utiliza para hacerte tropezar?

¿Hay algún plan lógico que impones sobre el plan de Dios y al que tratas de aferrarte por encima de todo?, ¿de qué forma tratas de hacer que Dios se ajuste a la solución que tú misma has establecido?

¿De qué forma puedes ayudarte a poner los ojos en Jesús?, ¿qué necesitas para mantener la mirada en el cielo y contar tus estrellas?

¿Qué elemento de la armadura te cuesta vestir?, ¿qué puedes hacer para incorporarlo a tu vida?

¿De qué formas puedes mejorar la lectura de la Biblia y tu vida de oración para que sean un punto de apoyo que te ayude a mantenerte firme?

También hablamos durante la semana de permanecer en Dios y llevar fruto. Piensa por un momento en aquellos frutos del Espíritu que deberías estas produciendo. Puede que haya algunos que reflejes más fácilmente que otros. ¿Qué frutos te gustaría producir?, ¿cuáles quisieras hacer crecer en mayor cantidad?

¿De qué forma te gustaría estar mostrando amor en la situación en la que te encuentras?

Semana 3. ¡Señor, obra en mi interior!

Como hemos visto esta semana Dios se mantiene cerca de nosotros durante nuestros momentos de dificultad. Si nos comprometemos en nuestra tarea de mantenernos firmes, Él permanecerá a nuestro lado alentándonos y dándonos las fuerzas que necesitamos para continuar, aunque la situación nos sobrepase y requiera de más fuerzas de las que nosotros tenemos. Piensa en lo que has aprendido a lo largo de la semana y escribe alguna de las ideas que te vengan a la mente.

Ahora reflexionaremos en alguna de esas ideas analizando nuestro interior a la luz de todo lo estudiado a lo largo de las sesiones de esta semana. Esta semana hemos aprendido acerca del gozo, la fuerza, el consuelo, la paz y la dirección que Dios ofrece, entre otras muchas promesas. Piensa en cada una de ellas.

¿Cuál de estas promesas te gustaría recibir de forma especial de parte de Dios?

¿Cómo de cerca te gustaría estar de Dios una vez pasada esta prueba?

Piensa en las diferentes formas en las que los personajes de las historias que hemos leído esta semana respondieron a su situación, ¿cuál de estas respuestas te gustaría ver en ti misma?

Sin embargo, sabemos que las emociones nos llevan a actuar de formas en que no quisiéramos cuando las circunstancias se ponen difíciles, ¿cuáles son algunas de las respuestas nacidas de emociones que observas con cierta frecuencia en ti?

Identifica qué es lo que te hace responder de esa forma.

Personalmente, creo que hacer un compromiso con uno mismo y tomar una decisión antes de encontrarnos en un momento de vulnerabilidad puede ayudarnos mucho a hacer lo correcto. Piensa en alguna de esas situaciones a las que tienes que enfrentarte y en las que las emociones suelen hacerte reaccionar de formas que preferirías no hacerlo, ¿de qué forma te gustaría responder cuando las emociones negativas te invadan y se hagan fuertes?, ¿qué harás para conseguirlo?

¿Crees que otras personas podrían ayudarte en ello?, ¿quiénes y de qué forma?

¿Cómo puedes mejorar en tu oración diaria a Dios?

Semana 4. Emociones que toman el control

Esta semana todo ha girado en torno a nuestras emociones. Más concretamente en torno a esas emociones negativas que no nos ayudan en absoluto. Necesitamos reflexionar sobre desprendernos de esas emociones y poner lo que corresponde en su lugar, sabiendo que ser sinceros con nosotros mismos es el primer paso para alcanzar lo que nos proponemos y cambiar lo que nos estorba para ello.

Sabemos cómo las emociones afectan nuestras acciones de modo que nos llevan a actuar de formas que querríamos no hacerlo si estuviéramos en control de ellas. Piensa en esas emociones y en los pensamientos que las generan.

¿Puedes detectar algún pensamiento erróneo que de vueltas constantemente en tu mente?, ¿hay algún pensamiento reiterativo que se repite de forma excesiva?

¿Qué emoción negativa, o emociones negativas, está afectándote más en esta etapa de tu vida? ¿De qué forma te afecta?

¿Qué acciones te encuentras realizando que te gustaría cambiar? ¿Qué es lo que causa que actúes de esa manera?

¿Cuál es el nivel de confianza en Dios que te gustaría ver en ti en medio de tus dificultades?, ¿cómo esa confianza te permitiría hacer frente a tus miedos?

¿Cómo crees que podrías reflejar a Dios en tu vida si tu carga no fuera tan pesada como ahora la sientes?

¿Cómo puedes hacer para que tus pensamientos estén centrados en Dios y su Palabra de forma más frecuente?, ¿qué puede ayudarte a pensar más en lo que dice la Biblia?

¿Crees que necesitas ayuda para caminar en medio de la situación que estás viviendo y no sentirte sola? ¿A quién podrías pedirle que te acompañara? Escribe los nombres de todas las personas que vengan a tu mente.

¿De qué forma pueden otros acompañarte o ser de ayuda en tu situación?

Semana 5. El ejemplo del Maestro

Hemos caminado de cerca esta semana siguiendo los pasos del Maestro durante Sus últimas horas de vida. Hemos sido testigos de su mansedumbre y humildad. ¿Cuáles han sido algunas de las ideas que se han destacado para ti en esta semana?

Al reflexionar el ello, empieza reconociendo en qué quieres convertirte. Imaginémonos mostrando mansedumbre y humildad y vislumbremos qué es lo que queremos ver en nuestras vidas. Por su puesto no es en absoluto fácil ser como Jesús, pero estamos llamados a seguir Sus pasos y parecernos a Él lo máximo posible.

¿En qué aspectos te gustaría ser más como el Maestro? Sé lo más específica posible.

¿Cómo te gustaría que tu relación con otros fuera, aunque éstos no sean capaces de ofrecerte lo que esperas de ellos?

¿En qué formas erróneas sueles actuar cuando alguien te hiere?

¿Hay alguna traición que debas perdonar?, ¿qué sentimientos y acciones estás reflejando al respecto?

¿Cómo puedes hacer aumentar tu mansedumbre?

¿Cómo puedes hacer aumentar tu humildad?

¿Cuál o cuáles de las respuestas del Maestro te ha impactado más?, ¿por qué?

¿Qué respuesta te gustaría integrar en tu propia forma de enfrentarte a emociones difíciles?, ¿cómo crees que puedes hacerlo?

Made in the USA
Coppell, TX
01 December 2020